理性地判断，建设性地表达

过去已经过去，未来还没到来。不妨驻足当下，总有一树花开。

插画摘自 @ 老树画画

决策之道

·越重要的人越需要·

正和岛 主编

第7辑

中国财富出版社有限公司

图书在版编目（CIP）数据

决策之道 . 第 7 辑 / 正和岛主编 . — 北京 : 中国财富出版社有限公司 , 2023.3

ISBN 978-7-5047-7904-5

Ⅰ . ①决…　Ⅱ . ①正…　Ⅲ . ①企业管理 — 经济决策　Ⅳ . ① F272.15

中国国家版本馆 CIP 数据核字（2023）第 042090 号

策划编辑　郑晓雯　　责任编辑　张红燕　郑晓雯　　版权编辑　李　洋

责任印制　梁　凡　　责任校对　卓闪闪　　责任发行　董　倩

出版发行　中国财富出版社有限公司

社　　址　北京市丰台区南四环西路 188 号 5 区 20 楼　　邮政编码　100070

电　　话　010-52227588 转 2098（发行部）　　010-52227588 转 321（总编室）

010-52227566（24 小时读者服务）　　010-52227588 转 305（质检部）

网　　址　http://www.cfpress.com.cn　　排　　版　北京正和岛信息科技有限公司

经　　销　新华书店　　印　　刷　鑫艺佳利（天津）印刷有限公司

书　　号　ISBN 978-7-5047-7904-5 / F · 3525

开　　本　787mm × 1092mm　1/16　　版　　次　2023 年 3 月第 1 版

印　　张　7.5　　印　　次　2023 年 3 月第 1 次印刷

字　　数　155 千字　　定　　价　198.00 元

地址 | 北京市海淀区中关村东路1号院清华科技园创新大厦B座9层（100084）
电话 | 010-62539800

正和岛官方微信 | zhenghedao
正和岛APP | 正和岛
正和岛微博 | @正和岛标准
正和岛网站 | www.zhisland.com

本书采用环保纸印刷

产业第一，企业家老大

何志毅

清华大学全球产业研究院首席专家
北京大学教授

“产业第一，企业家老大”是一位领导干部在2005年主政深圳时提出的理念，他为之制定了一系列服务产业发展和企业家的落地实施政策，后来在主政某中部大省和某直辖市的工作时也一以贯之推行这一理念和实施政策。这个提法非常鲜明地表达了政府对产业的认识、对企业和企业家的认识，尤其是对产业领军企业和领军企业家的认识。

毫无疑问，产业强则经济强；产业领军企业强则产业强；企业家强则企业强。党的二十大和中央经济工作会议后，我们看到了全国各地方政府都在全力以赴抓经济工作，出台了一系列产业规划和产业扶持政策，鲜明表达了对产业的重视和对企业家的重视。例如，有的地方政府说谁为难企业我们就为难谁；有的地方政府开会请企业家坐在主席台上；有的地方政府会议上党政领导班子集体向企业家致敬，等等。我们欣慰地看到全党和各级政府坚定不移地以经济建设为中心，全力以赴抓产业、真心实意扶企业。

在宏观经济构成中，产业是重要要素。宏观经济是由各个产业构成的，区域经济发展考虑的重要问题就是本区域发展什么产业。尤其在国际形势风云变幻、新兴技术风起云涌、中美对抗扑朔迷离的形势下，产业发展更显得尤为重要。

本辑《决策之道》的主题之一是未来产业。未来产业是比战略性新兴产业更高端、更具技术尖端性与未来导向性的产业，比如人工智能、生命科技、航天航空、新材料、深海技术，等等。在这些产业中，我们要从研发的源头抓起，在起步阶段就从产业链完整的角度考虑产业的构建，确保自主安全可靠。另外，有必要强调的是，未来产业往往尚未形成或者规模很小；它们固然十分重要，却是少数机构、少数企业和少数城市的使命，不能一窝蜂上。对于大多数企业而言，更多要考虑如何用未来科技和目前成熟的先进科技赋能所在的产业和自身，尽快用数字技术、人工智能、新能源、新材料武装自己，形成竞争优势。

在中国特色社会主义制度下，地方政府在产业发展方面发挥了极其重要的作用，本辑中的安徽合肥是很好的案例。地方经济发展要摆脱粗放式发展，走向集约式发展，建立相对竞争优势，建立地方产业集群就是一个重要抓手。此时，所谓的“产业第一”就并非仅仅是从理念上重视产业，也并非什么产业都能做到第一，而是要选择、扶持、提升适合本地区发展的产业，并为此构建产业生态、形成产业链，更重要的是要有落地措施，例如很多城市都建立了“链长”和“链主”制度，但顶格协调和发挥行业商会（可以称之为“链参”，产业研究机构也是很好的“链参”之一）的作用，安徽的措施很值得赞赏。在这个案例中，我们看到了一批地方政府领导干部发展产业、造福一方、报效国家的拳拳之心与身体力行。

发展产业的主体当然是企业和企业家，所以称之为“链主”，所以说“企业家老大”。安徽省省长王清宪说，构建“亲”“清”政商关系的“亲”，也就是尊重、理解、成全企业家。“沧海横流，方显出，英雄本色”，在中华民族伟大复兴进程中，在百年不遇大变局下，中国企业家理当坚定不移、百折不挠地实现产业报国使命，在前辈企业家创造的基础上，更加励志、勇于创新，更加有全球视野、全球责任，使中国的产业和企业走向世界一流、走向百年。

目录

扫描二维码
加入《决策之道》共读会
一起讨论，分享笔记、收获

专题 THEME

我们距离百年领军企业还有多远?

何志毅　独家访谈

清华大学全球产业研究院首席专家
北京大学教授

中国与世界领先还有多少差距?

《决策之道》: 企业家一向关注能代表未来趋势的产业。我国也公布过国家七大战略性新兴产业——节能环保、新一代信息技术、生物、高端装备制造、新能源、新材料、新能源汽车。在您几十年的产业研究过程中, 备受人们关注、代表未来的产业有哪些变化?

何志毅: 从18世纪中期开始, 发达国家历时250年, 开展了四次工业革命, 中国用了70年时间, 基本追上了它们, 形成了完整的产业门类及链条。现在, 中国拥有全产业链覆盖和14亿人的巨大本土市场, 这是中国的产业特点和优势, 但有限的资源也必须在支持全产业链的基础上适当向战略性新兴产业倾斜。

节能环保等七大战略性新兴产业的概念, 最早是2009年在时任国务院总理温家宝主持的新兴战略性产业发展座谈会上提出的, 在《"十二五"国家战略性新兴产业发展规划》中具体确定的, 其时中美还没有现在的贸易、科技对抗。基于当前全球的政治、经济和技术的形势, 过去很多产业的提法、侧重点等应该修正甚至调整。**有些产业更为基础, 需要国家政策、资金扶持,** 如信息产业中的芯片、系统软件和应用软件; 新能源产业中的锂矿控制、新电极材料开发; 生物产业中的药物、疫苗研发, 等等。**有些产业更偏向应用, 应该以市场为主导,** 如新能源汽车、节能环保等。

从全球范围来看, 不同国家、不同时代的战略性新兴产业都是不断变化和发展的, 各个国家对待战略性新兴产业也都会出台相关法律, 给予资金扶持。

《决策之道》：您曾说过，“选择中美对比的视角，进行深入研究和长期跟踪，会对中国产业发展和企业发展转型有很多实用性的启发”。在您看来，中国可以从美国产业发展历程中得到什么启发？

何志毅：目前我国跟美国的差距显然还很大。我从三方面进行数据比较。

一、产业规模比较

根据初步统计，2022年全球44581家上市公司创造了市值1074281亿美元、营收734590亿美元和利润57648亿美元。

中国有6588家上市公司，占全球总量的15%，市值、营收、利润分别占全球总量的16%、19%、16%，综合规模占比为17%。

美国有5001家上市公司，占全球总量的11%，市值、营收、利润分别占全球总量的41%、29%、31%，综合规模占比为36%（见图1、图2）。

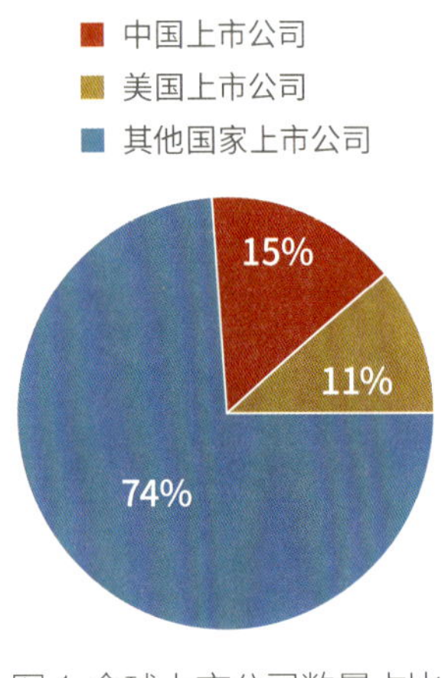

图1 全球上市公司数量占比

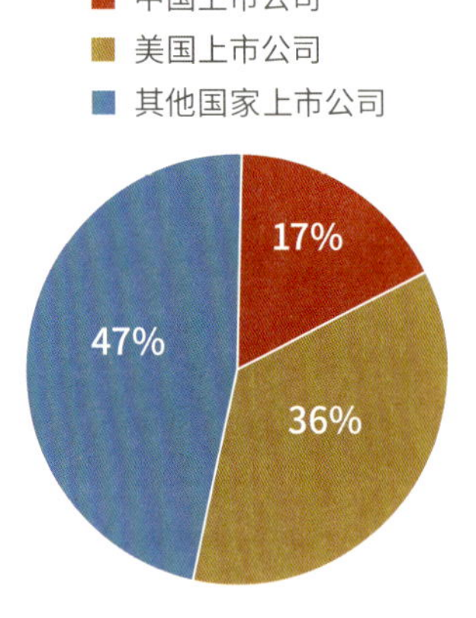

图2 全球上市公司综合规模占比

综上，中国上市公司数量略多于美国，但综合规模约为美国的50%。

二、产业结构比较

中国的6588家上市公司分布在148个四级产业，未涉及的产业主要为房地产相关股权投资信托业；

美国的上市公司分布在156个四级产业，未涉及的产业为公路与铁路、海港与服务。

中国上市公司数量排名前四的一级产业分别是工业1504家、信息技术1080家、原材料933家、非日常生活消费品922家（见图3）；而美国则为金融1177家、医疗保健1088家、信息技术613家、工业566家（见图4）。

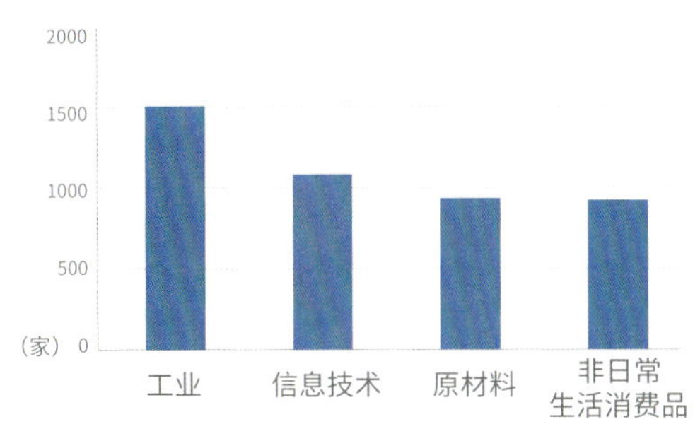

图 3 中国上市公司数量排名前四的一级产业

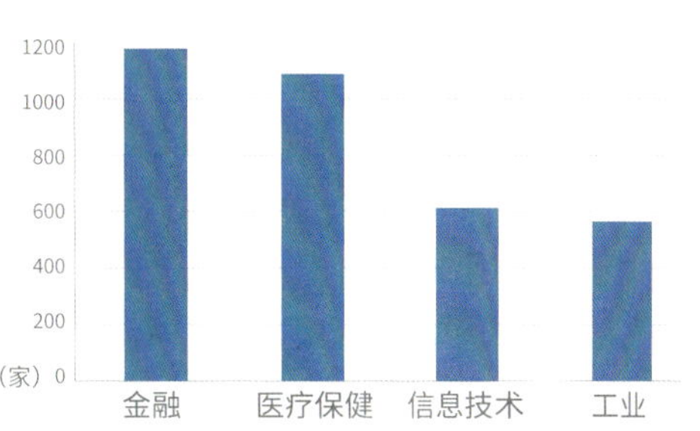

图 4 美国上市公司数量排名前四的一级产业

按照市值、营收、利润各占0.5、0.25、0.25权重计算，中国综合占比排名前四的一级产业是金融0.20、工业0.17、原材料0.11、信息技术0.11（见图5）；美国则为信息技术0.20、金融0.14、医疗保健0.12、非日常生活消费品0.11（见图6）。

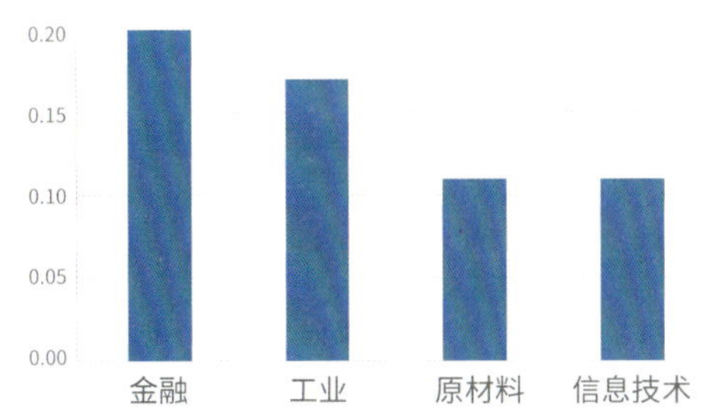

图 5 中国综合占比排名前四的一级产业

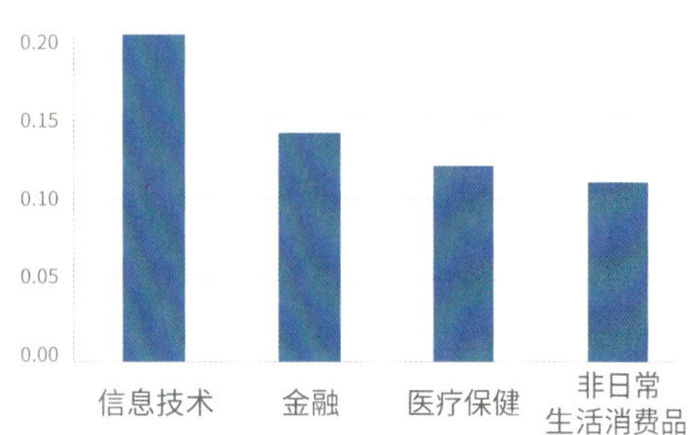

图 6 美国综合占比排名前四的一级产业

三、领军企业比较

我定义的领军企业是按照GICS（全球产业分类标准）分类，在全球158个四级产业内按照市值、营收、利润各占0.5、0.25、0.25权重计算综合排名前四的企业。

2022年，中国的全球产业领军企业为74家（冠军企业15家），占全球总量的12%，较2021年减少15家（冠军企业减少3家）；美国全球产业领军企业为283家（冠军企业84家），占全球总量的45%，较2021年增加5家（冠军企业增加6家）。中国领军企业的数量为美国的26%。

总体上看，中国的全球产业领军企业分布在50个产业，覆盖面为32%；美国则为126个产业，覆盖面达80%。两国各有优势：

中国在16个产业中占据优势，但主要为传统产业。中国在房地产开发、消费用燃料2个产业有4家领军企业，在海港与服务、家用电器、建筑与工程、新能源发电4个产业有3家领军企业，在电子元件、电子制造服务、纺织品、公路与铁路、互动媒体与服务、互联网与直销零售、建筑材料、酿酒商与葡萄酒商、人寿与健康保险、综合性银行10个产业有2家领军企业，在其他34个产业拥有1家领军企业。

美国在92个产业中占据优势，集中在金融、信息技术、医疗保健等新兴产业。美国在生命科学工具和服务、生物科技、数据处理与外包服务、系统软件等16个产业中有4家领军企业，在半导体产品、电脑硬件及电脑周边、电影和娱乐、航天航空与国防、环境与设施服务、应用软件、资产管理与托管银行等33个产业中有3家领军企业，在半导体设备、互动家庭娱乐、互动媒体与服务、互联网服务与基础架构、工业机械、工业集团企业、消闲用品、鞋类、医疗保健技术、医疗保健设备、制药等43个产业中有2家领军企业，在其他34个产业拥有1家领军企业。

数据表明我国企业发展还很不充分：一方面，很多产业中美国一家企业的综合效益就抵过我们整个产业；另一方面，很多人以为中国有最全的产业体

不同国家、不同时代的战略性新兴产业都是不断变化和发展的。

系，但从领军企业和上市公司的角度来看，大部分中国企业都分布在各个产业的末端，没有几个产业是中国走在其他国家前面的。

领军企业是产业创新的引领者、产业标准的制定者、产业规模的体现者、产业链的带动者、产业与社会界面的磨合者。我们的研究数据显示，中国的产业质量和领军企业质量与美国的差距比中美两国GDP的差距要大得多。因此，提升产业水平、调整产业结构和提高全球产业领军企业数量是当前经济发展的重要工作，任重道远。

为地方建言：不要跟风打造产业

《决策之道》：2022年以来，多地出台了发展未来产业相关的文件，包括《上海打造未来产业创新高地发展壮大未来产业集群行动方案》《深圳市培育发展未来产业行动计划（2022—2025年）》《关于浙江省未来产业先导区建设的指导意见》等。不同区域的布局有很大差异，而领军企业往往是跨地域发展且不乏多元化发展，您对领军企业择机而动、择地而定的建议是什么？

何志毅：**现在部分地区跟风打造产业，忽视自己的区位优势，去追求时髦的产业，很多城市的产业布局都出现了雷同。**我举个例子，中国工业机械产业共有上市公司393家，占中国上市公司总量的5.97%，是上市公司数量最多的产业，平均每个地区13家。然而，工业机械产业的市值、营收、利润、净资产仅占中国全产业的2.56%、1.25%、1.06%、1.23%。产业雷同主要有两个历史原因：

各个区域的产业集群都是历史形成的宝贵遗产，如果没有区域优势，发展任何产业都会事倍功半。

第一，发展时间太短。各地甩开膀子谋求发展的起点普遍是1992年。在起始阶段，大家的基础都差，唯GDP地搞“三来一补”、通过房地产融资等方法及路径高度相似。

第二，在2016年以前中国一直努力融入美国主导的全球治理、政治和技术体系，从中央到地方、从国企到民企主要奉行贸易优先的发展思路，绝大多数企业奉行“造不如买”的策略，客观造成了产业雷同的结果。

现在，随着各地的粗放发展阶段先后结束，各地政府都应该盘点自身的地理区位特征、资源禀赋和产业存量，形成相对差异化、细分的发展定位；众多企业也需要在研发、技术革新、产业升级等方面持续投入，以差异化发展替代产业雷同的局面。

以安徽省为例，省委、省政府高度重视新材料产业发展，将新材料产业列为“十四五”时期重点发展的十大新兴产业之一。加快发展新材料产业，对于引领战略性新兴产业发展，促进传统产业转型升级，加快碳达峰碳中和进程，推进“三地一区”建设具有重要战略意义。合肥市则把重点放在了智能家电（居）产业化，提出要率先实现智能家电（居）产业化生产，加大智能家电与智能家居的融合度，加快产业化进程；要培育或引进智能家电个性化设计企业，进行智能家电个性化设计；鼓励家电企业跨界交流与合作，共同攻克智能家电、智能家居技术难题，形成跨平台、跨系统的互联互通集成优势；推动新一代技术与家电产业的深度融合，提升智能化、柔性化、数字化制造水平，创建特色鲜明的智能制造工厂和绿色制造工厂。截至2023年，安徽省有上市公司161家，全球领军企业1家（海螺水泥），中国领军企业11家，其中属于原材料产业的有4家（金禾实业、海螺水泥、铜陵有色、山鹰国际），非日常生活消费品2家（中鼎股份、中公教育），工业1家（阳光电源），日常消费品2家（安孚科技、集友股份），通信业务1家（三七互娱），信息技术1家（科大讯飞）。产业集群初具规模。

从另一个角度来说，随着我国产业升级，部分地区忽视自身区域条件，跟风发展技术含量高的未来产业，比如半导体、新材料、深海技术、生物科技

对大多数企业而言，更重要的是如何让科技赋能现在的产业，而不是用明天的科技锻造后天的产业。

全球市场经济看上去没有“政府的手”，实际上以美国资本为代表的手在控制全球经济，翻手为云，覆手为雨。

等，也进一步催化了产业雷同的局面。**未来产业重要吗？的确很重要，但我们不得不承认，它不是放之四海而皆准的发展方案，不是大多数企业和大多数地区的事情，而是聚集了大量大学、研究所和科技人才的少数城市才能参与的事情。**在区域产业发展上，不应该所有区域都一窝蜂去规划“高科技”产业，那些因地制宜、因时制宜发展的产业，才是本区域的“未来产业”——各个区域的产业集群都是历史形成的宝贵遗产，如果没有区域优势，发展任何产业都会事倍功半。所以，地方政府应该重视现有的产业格局，鼓励民营企业做大、做强、做优，成为全球领军企业。对大多数企业而言，更重要的是如何让科技赋能现在的产业，而不是用明天的科技锻造后天的产业。

福建晋江就是把握区域优势的范例。20世纪90年代，晋江发展起来一批企业：七匹狼、鸿星尔克、劲霸、九牧王……这些年来，面对其他热钱、快钱的诱惑，晋江人心无旁骛，坚守自己擅长的事情，做专做精。对于以晋江为代表的许多城市来说，不一定非要追求高科技产业，而应该顺水推舟，想方设法把高科技的成果用在自己的产业中，例如在地方的区域规划中大力发展消费品产业，享受高科技带来的红利。

为民企献策：面向民生和消费探寻发展

《决策之道》：您的研究显示，在大卖场与超市、居家用品、食品分销、食品零售、药品零售这5个产业中没有高市值企业……这说明相关上市企业尤其是民营企业有潜在机会。您可否为民营企业家分析还有哪些被忽视的发展机会？

何志毅：1837年，移民到美国的英国蜡烛制造商William Procter和爱尔兰肥皂制造商James Gamble，开创了今天的居家用品巨头宝洁公司。1905年，美国实施了商标法，使得有包装商品逐步替代了散装一些落后的产业、产能应该国退民退，干脆别做了。

商品，使得开架售货成为可能。到了1930年，Michael Cullen在纽约长岛开设了第一家现代意义上的超市。而中国在改革开放后才陆续出现第一批超市。食品加工、保鲜、包装的诸多难题，在18至19世纪不断被突破，客观上构建了食品分销和食品零售这两个产业发展的基础。随着中国经济的不断发展和人均GDP、人均可支配收入的持续提升，中国的民营企业在这几个领域还有很多机会。

目前在中国6000多家上市公司里面，国企约占23%，民企约占77%，在营收、利润、资产、税收等方面，国企都是占六到七成，民企占三到四成，但是市值刚好相反。也就是说，国企用60%的资产创造了40%的市值，从这个数据来看，我国上市公司里国企的比重偏高。

国民经济结构里，国企占比怎样才是合适的？关系国计民生、国家经济命脉的产业确实要让国有企业主导，民营企业做补充、激发"鲇鱼效应"就可以了，比如资源、金融、交通、能源安全等产业。有的行业甚至还需要国有企业进一步主导，才能够抵御世界经济危机风险，增强整个国家经济的健康程度。全球市场经济看上去没有"政府的手"，实际上以美国资本为代表的手在控制全球经济，翻手为云，覆手为雨。如果没有我国"政府的手"来抵御另一只"全球资本的手"，国家经济是很难健康发展的。

但国民经济结构里也不是国企占比越高越好。在消费品产业，国有企业的各项指标比平均水平低，在产业领军企业方面，也是民营企业表现更突出。消费品产业应该是民营企业发挥力量的领域，国家在产业政策上也应该鼓励民营企业发展，国有企业在消费品产业不应"与民争利"。

作为学者，我按照数据和经济学的基本定理说话，在"两个毫不动摇"的基础上，有些产业应该国进民退，有些产业应该民进国退，有些产业要国进民进，共同去竞争，还有一些落后的产业、产能应该国退民退，干脆别做了。对于国家来讲，制定产业政策要科学，具体某个产业里国企占比应该有多少，可以从产业性质、对国家的重要性、对经济发展的促进是不是有效等方面来判断。对于民营企业来讲，要找准自己长远的战略方向，不与国家政策相抵触，才能得到国家政策、资源的支持。

那么，民营企业的优势是什么？以医药产业为例，有人把生物医药产业的研发规律概括为：10亿美元、10年时间、成功率1%。这种高风险、高回报产业，就可以让敢想敢干的民营企业去做，鼓励民营企业投入研发。在日用和非日用消费品产业，也该放手让民营企业发展——消费品产业整个市场空间高达20万亿元，而其中24个产业里所有中国上市公司的总市值、总营收、总利润，不如对应项里的冠军公司一家。例如，餐馆业不如麦当劳，大卖场与超市业不如沃尔玛，个人用品产业不如联合利华，居家用品产业不如宝洁，软饮料产业不如可口可乐，鞋类产业（体育用品产业）不如耐克，服装与奢侈品产业不如路易威登，消费电子产业不如索尼，等等。与国企相比，民营企业的服务更好，反应速度更快，效率更高，市场嗅觉更灵敏，所以消费品产业里国企占比太高并不是好事，不仅国企做不好，也会导致民企做不好，造成国退民退。

这样看的话，我国民营企业在很多产业都还有巨大的发展空间，那么，政府为什么不去大力扶持呢？我还没有听说哪个地方政府提出扶持消费品产业，很多地方都追求高大上的新兴产业去了。我认为，当人均收入提高、人民服务需求增强后，服务业将有巨大的提升空间，而目前中国在分销、零售、专卖、专业服务等19个服务产业里还只有极少数的优秀企业。传统产业与互联网、数字产业结合的分销、零售、服务模式是中国企业发展的重要创新，是中国消费产业赶超发达国家的重要途径，目前在政策上

民营企业家就要理解中央政策，避开与国企有强烈竞争的领域，面向市场，找到自己的长期优势。

非但不应当限制，还应当鼓励。

2023年开春以来，各地政府都有了标志性的动作和口号："谁跟企业过不去，我们就跟谁过不去""产业第一，企业家老大"……还把企业家请上主席台，干部坐在下面一起向企业家致敬。我们能看到，从2022年党的二十大，到中央经济工作会议，再到各地的"两会"，都强调了一心一意抓经济，没有人会忽略民营经济。这个阶段下，民营企业家就要理解中央政策，避开与国企有强烈竞争的领域，面向市场，找到自己的长期优势。

《大周期：不确定时代的确定性生存法则》
正和岛 主编

人民邮电出版社
2023年3月

百年全球领军企业的启示

《决策之道》：新冠感染疫情3年让很多企业发展承压。在正和岛新书《大周期》中，您提到研究了很多穿越周期的百年上市企业，它们的共性有哪些？对中国企业有什么启示？

何志毅： 在"百年未有之大变局"下，我们不得不考虑长周期问题。我们不能不去思考，中国经济持续增长了40年，还会增长多久？以什么样的速度增长？如果增长速度减缓或者不能高速增长了，这个周期会有多长？中国的企业能否顺利度过这个长周期，成为百年企业？

民营企业追求经营百年，成效之一是能够建立竞争优势。企业只有找准一个领域长期耕耘，核心竞争力才会越来越强，直到没有人能够撼动。要知道，没有夕阳产业，只有夕阳企业；经济形势再不好，产业也都在，各个产业的需求也还在。对民营企业来说，抓住细分市场、做产业冠军就能有优势；对国家来说，订立产业政策也要抓住这个规律。

我发现，在158个产业的632家全球领军企业中，有150余家百年企业，还存在拥有99年历史的道达尔、伍尔沃斯集团等公司，以百年的尺度来看，这样

没有夕阳产业，只有夕阳企业。

拥有90年及以上历史的企业也可以算作百年企业，由此，在632家全球领军企业中共有180余家百年企业，接近总量的30%，它们的平均历史约为135年。观察资产回报率和销售利润率，可以看到其中10家百年全球领军企业的平均资产回报率为49.7%，平均销售利润率为199.6%，表明这些企业拥有很强的核心竞争力。还有很多百年全球领军企业的净资产并不高，但利润很高，这表明它们具有很强的产品和卓著的品牌溢价能力，如标准普尔、穆迪、高露洁、万豪国际等企业。

美国新兴产业的企业发展历史基本始于1980年之后。除了国有企业之外，中国绝大多数企业的历史起点也是在20世纪80年代之后，今天已经出现了华为、中国平安、腾讯、阿里巴巴等全球产业中的优秀企业。我希望，在国家和社会重视加快建设世界一流企业的背景下，中国能产生一大批公认的世界一流企业，因为百年全球领军企业的存在已经证明了建设历史悠久、大规模、高效益的产业领军企业是完全可能的。我们一定可以期待，在改革开放实行百年以后，中国将出现大量的百年全球领军企业，它们会成为奠定中国基业的重要经济基础。

除了有例在先之外，百年全球领军企业还有多方面的启示。

第一，专注于产业。我们可以看到，百年全球领军企业基本专注于某个产业，有7个产业里的前4名都是百年企业，而且，百年企业在15个产业里的前4名中占据了3个位置，在33个产业的前4名中占据了2个位置，在44个产业的前4名中占据了1个位置。百年企业分布于99个产业的领军企业行列之中，在49个产业里占据了冠军地位。

第二，拥有良好的治理结构、企业文化与代际传承方法。企业想要成为百年企业，首先要有一个优秀的创始人或领袖，进而形成优秀的企业文化和代际传承。一个百年企业一般要经历5代左右的领导人，如果有一代领导人能力不足，企业可能就会毁于一旦。百年企业的治理结构、企业文化和代际传承方法，值得想要进一步发展的企业研究学习。

一个百年企业一般要经历5代左右的领导人，如果有一代领导人能力不足，企业可能就会毁于一旦。

第三，保持与时俱进的创新。百年企业往往会经历经济发展的高峰与低谷、社会繁荣与动乱、技术革命与产业颠覆甚至包括战争的考验。企业固然需要坚守一个产业，但也需要与时俱进、不断创新，否则不可能延续百年。例如柯达因不创新而消亡，IBM却能屡次与时俱进，从早期的专营点钞机一路演化至今，随着信息技术产业的发展继续奋力转型。

第四，长期保持合理规模与发展速度。百年企业在当今世界最优秀的企业中并非都是排名靠前的，但它们在百年发展过程中都经历过各种考验，因此，它们的规模和发展速度是合理的、安全的，各种风险控制不佳的企业已经在发展过程中被淘汰了。我们有理由相信，经过百年历史考验的企业，会在全球领军企业和世界一流企业的名单上存在更长的时间。

对于百年企业而言，所谓长周期，所谓河东河西、沧海桑田，都是企业发展过程中的必经阶段，就像四季更替一样正常。冬天总会到来，我们总要做过冬的准备，总要度过冬天，总要干冬天该干的事。冬天里孕育着下一个春天，低谷之后必然会迎来高峰。

采编：曹雨欣、田兴宇

中国企业的未来：成为创新生态的引领者

王煜全　独家访谈

海银资本创始合伙人
全球企业增长咨询公司
Frost & Sullivan中国区首席顾问

科技在企业发展中的重要性愈发凸显，大凡企业，都想顺势而为、乘势而上。海银资本创始合伙人王煜全接受《决策之道》专访，解析现阶段中国在科技领域的优势、不足以及2023年值得关注的机遇，他认为，服务规模化将成为最大的机遇。

科技企业家：时代的先进生产力

科技是社会发展的底层逻辑，我相信大多数人也深刻地感受到了科技给生活带来的巨大改变，但很多人对科技还存在三个误解。

第一，“科”和“技”是两个完全不同的概念，在英文里分别对应两个单词——science和technology。“科”强调的是底层科学原理，“技”指的是对科学原理的应用。一方面，如果只有原理而没有应用，那不能算真正的科技进步；另一方面，科学是技术的支持方，比如现在技术发达，但如果没有科学原理的突破，很多技术问题也难以攻克。

第二，不能把科学的突破和技术的突破混为一谈。很多人认为科学和技术的突破是一回事，或者科学的突破必然会引发技术的突破，其实不是这样。科学的突破具有阶段性和偶然性，可能一个原理突破之后很长时间没有新的突破，也有可能各项突破之间没有特别强的必然关联。技术的突破是需要积累的，需要花时间进行性能调优。

第三，科学强调单项领先，而技术则注重综合与多元。比如，如果要设计一款电池，从科学层面来看，首要目标就是把电池的能量密度做得更高，但从技术层面来看，只考虑能量密度是远远不够的，还要考虑安全性、充放电系统以及重量比等。因为要想电池广泛使用，就必须把使用过程的各个环节都考虑进去，任何一个环节出问题都会导致失败。当“科”变成“技”的时候，衡量维度会更加多元。

当“科”变成“技”的时候，衡量维度会更加多元。

从这个角度来看，人类社会取得的科技进步越来越离不开科技企业家。手机就是一个典型例子，它作为一个技术产品，是*n*项技术以及许多公司一起努力的成果。不是说哪家公司的屏幕做得好、电池待机时间长或者CPU计算能力强就能做出手机了。电动汽车也是如此，锂电池的发明者很伟大，没有锂电池的发明就没有后来的电动汽车的故事，但真正把锂电池的性能应用到汽车上，最终让电动汽车代替燃油车、让整个社会因此受益的，其实是创立特斯拉公司的马斯克，而不是锂电池的发明者。

可以这样说，这个时代最先进的生产力不是工人，也不是科学家，而是科技企业家，是他们将先进科技应用到现实生活当中，推动了社会的发展。

创新生态：中国企业突围的关键

随着生产活动变得越来越复杂，一个地区要实现科技繁荣，关键不是解决某一个科技问题，而是构建一个创新生态。为此，企业家一定要深刻领悟两个字——协作。这背后有两大逻辑。

第一，科技活动的复杂性决定了没有任何一家企业可以单打独斗拿下整条科技产业链。半导体行业巨头ASML公司在20世纪90年代就开始研发光刻机，但高昂的研发费用让它一度徘徊在倒闭边缘，就在生死一线之际，ASML得到大客户三星、台积电和英特尔投资的50多亿欧元，从而渡过难关，后来终于在2010年研发出世界上第一台极紫外线光刻机。苹果公司开发iPhone也是一样，背后有上百家“果链”企业提供传感器、屏幕和量产等方面的支持。

第二，单项替代的路过去走得通，但现在变得愈

发狭窄。全球科技产业生态的早期形成过程里，中国并没有参与，因此在中国开始融入全球科技产业生态时，科技企业基本上都秉持单项替代原则，比如外国的轮胎好，国内企业就造更好的轮胎；外国的玻璃好，国内企业就造更好的玻璃——通过某一款性能优异的产品把原有的外国产品替代掉。最开始这个逻辑是行得通的：假设一个产业生态中有30个环节，中国能够优化其中的一两个环节，对整个产业是有帮助的。但问题是，当外国企业发现整个产业链的30个环节中有29个环节中国企业都会做了，它们一定会反击；更关键的是，它们的反击空间和手段会让中国企业很受伤。比如在汽车产业里，中国企业有更好的玻璃，但这不是汽车的核心部件，芯片才是，当外国企业通过芯片来反击时，中国企业很难靠玻璃来招架。所以企业家们要重新思考，当别人不欢迎我们时，当单项替代这条路行不通时，未来该走向何方？

目前来看，中国企业突围的关键是培育自己的创新生态——扶植一批本土的新科技企业，让它们长期协作，最终在整个产业里形成独特优势。我就此提出了一个关于创新生态的新“木桶理论”。老“木桶理论”强调的是不能有短板，只有各个木板都足够长，木桶才能装更多的水。但从创新生态的培养来看，这一理论其实是不适用的，适用的是新“木桶理论”：创新生态的培养是一个动态的过程，各种新科技刚刚诞生时更像是一块块短板，一块块短板凑到一起，在长期协作中相互建立明确的定位，一方面使整个产业成熟起来，另一方面在自身定位的基础上形成各自的长板，最终强强联手，把木桶做大。

一句话总结：一堆长板拼不出创新生态，企业家得去培养一批短板，让它们慢慢长大，最终形成创新生态的“大木桶”。如果不运用这一规律，不从一开始去扶植短板、培养起一批自己的科技企业，中国的科技就很难突破其他国家的限制、封锁。

一个地区要实现科技繁荣，关键不是解决某一个科技问题，而是构建一个创新生态。

弯道超车切忌单打独斗

进一步来看，创新生态到底该怎么落地呢？我认为关键在于做好两件事。

第一，找准具有弯道超车机会的前沿科技产业，做重点布局。科技产业最大的亮点就是充满变数，引发产业变革的新技术会源源不断地出现，产业一旦变革就会出现弯道，有弯道就有超车机会，所以，一定要找到下一个弯道在哪里。没有弯道的时候要懂得蛰伏，不要一味在别人的优势领域里展开竞争。

比如，中国芯片产业每年都是成百上千亿地砸钱，我是认同砸钱的，研发芯片不可能不砸钱，但要砸到新的领域中去，比如砸在人工智能芯片和系统级芯片上，不要再砸在CPU上了，我们在单芯片竞争上已经很难有机会超车了，这是需要明确的一点。

反观中国电动汽车产业就是一个值得借鉴的成功案例：电动汽车其实就是一系列智能电子设备的组合，得益于之前积累了大量的手机制造经验，中国厂商打下了良好的电子产业基础，将大量手机相关配套技术以及配套产品的提供商转移到电动汽车产业中，就逐渐形成了相对完善的电动汽车产业链。过去往往是外国先形成某一产业，中国企业再想办法去赶超替代，但电动汽车产业是其他国家还不完善的，而中国已经率先形成了产业链。这一思路很值得科技产业借鉴：切入一个全新的领域中，利用自身优势，形成新的产业生态，做行业领先者而非替代者。

第二，转变试点和单兵作战的打法，注重协作，掌握生态培养型的新打法。过去很长时间里，中国很多企业、地方改革的金科玉律都是摸着石头过河、搞试点，一个举措行得通的话，大家都去学。一个典型例子是各类开发区试验招商引资的做法，然后几乎所有城市都把招商引资摆在重要位置上。这是上一个时代的经验，那时一个地方只要学习外地的经验，

引发产业变革的新技术会源源不断地出现，产业一旦变革就会出现弯道，有弯道就有超车的机会。

政府要引导企业相互协作，而不是各企业单打独斗。

再配合自己的优势条件，比如更低的成本、更多的劳动力等，就可能追上甚至赶超对方。但到了今天，尤其是在扶持产业生态上，如果还用这套打法，想着先学经验再替代对方，我认为有百害而无一利。

讲一个真实的案例。苏州这些年打造了千亿级的生物制药产业，按理说，当地政府应该为如此亮眼的成绩感到高兴，但我之前去苏州考察，当地政府人员却讲了很多苦衷。他们说，像当年学习深圳经验一样，很多地方看到苏州搞生物医药搞得很好，就想到苏州取经，可取经方式让苏州感到很难受——一些地方直接派人来苏州“挖墙脚”，对苏州当地的生物制药企业说，“你直接来我这儿吧，我给你更多的优惠”。一些企业在减免税收、土地租金等优惠之下就被挖走了。这对苏州来说是很大的一件麻烦事，好不容易培育了生物制药产业生态，各个生物制药企业都是“木桶理论”中的一块块短板，如果按部就班发展下去，短板就会慢慢长大，彼此之间也会形成合力，将生物制药产业生态做大、做出领先优势。结果现在你挖一个、他挖一个，短板都被挖走，整个产业生态就崩塌了。同理，各地之间相互模仿、相互复制也很容易变成相互破坏，极大地浪费了资金和效率。

一些科技企业也是一样，喜欢单打独斗。比如在芯片领域里，有企业声称芯片的设计、研发、制造能力自己统统具备，恨不得自己形成一个产业链，把别人甩得远远的。可是芯片这么复杂的产业，怎么可能由一家企业完成呢？当然，我非常能理解这种心态是怎样形成的——目前中国在芯片产业上投入了千万亿元的资金，政府对芯片产业给予大量支持，但其中有一个问题就是申请资金时需要企业来申报，一些规模比较大的芯片企业更容易拿到政府的资金，一些企业拿到资金之后心态就变了，觉得“钱是我拿来的，我为什么还要和别人合作？还得和别人协调？不如我自己单干，既省事，赚了钱还是我自己的”。要知道，没有一个创新生态是靠一家企业单打独斗做起来的，西方国家的科技产业都是一群企业在多年协作下共同发展起来的。单打独斗的思维再不转变，会对中国创新生态的形成造成很大掣肘。

同时，政府也要从中总结一些教训，不要再好心办坏事，既然砸钱，就要引导企业相互协作，而不是各企业单打独斗。比如，可以从对单个企业的扶持转变为对整个产业生态的支持；在资金发放上向企业间的合作项目倾斜；一些大的订单可以给到几家企业，让它们共同完成。当然，回看过去40年，政府带来的价值也是巨大的，尤其是在对科技的长期投入和支持上，只有政府能做到不计短期回报、为整个社会谋利。中国很多产业的发展与政府长期扶持是分不开的，这是值得肯定的地方。

数字革命不是“纯虚拟”的，而是意味着虚实可以更好地结合。

服务规模化：2023年的机遇

前面谈到的是当今时代的趋势，也有很多人问我：2023年最大的机遇是什么？我觉得就5个字：服务规模化。当年的工业革命带来的是产品规模化，如今的数字革命带来的服务规模化则是对产品规模化的继承。现在我们处于数字革命的展开期，从最初的PC到后来的互联网，再到今天的人工智能，这几波潮流叠加起来实现了什么？实现的是每个人的经验都可以被复制。

这该如何理解呢？在我看来，数字革命不是“纯虚拟”的，而是意味着虚实可以更好地结合。服务规模化不是要抛弃产品，而是要在产品层上叠加服务层。从前的企业卖产品，现在的企业卖服务。当提出“卖服务”的理念时，企业一定要明确，产品不是卖给用户、增加用户负担的，要可以监控产品甚至预知产品是否会出故障，从而可以提前给用户提供替代性产品，进而保证服务可持续。

另外，服务规模化还可以和人工智能、自动驾驶等技术结合起来。大家都知道，一种服务做的人多了就会变成职业，而服务规模化就是去寻找那些可以被人工智能替代或者提升效率的职业，替代得越多，实现的价值就越大。比如，现在越来越多的企业开始使用智能客服，一家大企业过去可能需要上百个客服人员，但在智能客服的辅助下，可能十几个人就够了。进一步想象一下，未来帮我们看医学诊断结果的人工智能相当于一名资深医生，帮我们实现自动驾驶的人工智能相当于一名专业的司机……这些都是人类经验的积累，能够被规模化复制。

我们正在迅速进入服务规模化的时代，在这个时代，人人都需要外界提供更多的服务。从这个角度出发，企业家可以想想有哪些服务可以被人工智能替代或改善。在这个方面，我有一个想法：能不能用机器人代替企业前台？中国有几千万家企业，至少有上百万个前台，他们做的事情大都比较简单，职业成就感也不高，因为他们没有明确的职业发展路径——销售可以做到销售经理、销售总监、销售总裁，但企业没有前台经理、前台总监、前台总裁。一旦前台机器人研制成功，相关机遇还是值得把握的。

未来30年将迎来黄金增长期

最后我想聊聊，我们到底处于怎样的时代中。

这几年我们面临的内外压力都不小，很多人说自己没信心了，时代太糟糕了，好像什么事都很难做。我们可以回想一下，40多年前刚刚改革开放的时候是什么样的状况，后来不都挺过来了吗？时代的好与坏，要看这个时代还有没有机会播种，而不是看这个时代有没有机会收获。这个时代有机会播种吗？至少从科技领域来看，我认为有大量机会。我们正处在数字革命的展开期，大数据、人工智能、云计算正在

时代的好与坏，要看这个时代还有没有机会播种，而不是看这个时代有没有机会收获。

各行各业广泛应用，创业者能从中发现和创造各种机会。1945年之后，美国的第三次工业革命进入展开期，形成了一套规模化生产和销售系统，随后迎来了长达30年的黄金增长期。随着数字革命的展开，我认为中国也将经历一个30年的黄金增长期，将拉开下一个人类社会高速发展的序幕。这将是一场令人无比兴奋的奇迹，我们这辈子可能也就经历这一次了。

当然，必须牢记的是，一分耕耘，一分收获。如果今天一味抱怨环境不好，什么都不去做，等到黄金增长期来临时就会一无所获。股市、房地产曾成就一批富翁，人们觉得他们非常幸运，但别忘了，他们是因为买了股票、买了房子才有了后来的幸运。今天也一样，科技会推动社会高速发展，一个又一个机遇会从中诞生，但抓住机遇的前提是你必须介入，必须从中布局，而不是一直等、靠、要。

改革开放至今已经40多年了，过去我们只能向外国学习，外国播种、收获，我们去分一杯羹。但未来，中国完全有能力成为前沿生态的引领者，完全可以拍着胸脯说，因为中国的推动，前沿科技能够得到更好的发展。中国的企业家们可能也要更多地想一想，自己的成功中有多少是时代的馈赠。优秀的企业家一定是有远见的人，是能看懂未来的人，是能自己造雨而不是等着下雨的人，所以，优秀的企业家要把责任承担起来，想得更远一点、更深一点、更复杂一点。

优秀的企业家一定是有远见的人，是能看懂未来的人，是能自己造雨而不是等着下雨的人。

在科技大爆发的时代，我希望每个人都能积极地拥抱科技，积累自己的经验，再分享给更多的人，如此一来，就会成为一个创业者。归根结底，我们还是需要相信科技的力量，敢于投身其中，播下希望的种子，在未来某个时间点收获属于自己的果实。

采编：夏昆、田兴宇

推荐语

做“硬科技”的探索者

宋志平 推荐

中国上市公司协会会长
中国企业改革与发展研究会会长

与米磊相识，源于几年前我参观中科院西安光机所。初次见面交谈一番后，我就觉得这个身材精健的年轻人知识面宽、思维敏捷，对科技创新和国家经济、社会的发展有着自己独到的见解，给了我很深的印象。

后来我知道，他不光是个科学家，还是位投资家和企业家，广为人知的“硬科技”概念便是他率先提出的。米磊经常受邀参加各种论坛，传递“硬科技”与“硬科技投资”的理念，他的演讲观点突出，很吸引人，尤其是他在光子技术领域的见解颇具洞察力，他认为光子芯片将成为中国突破半导体瓶颈的一个重要战略方向。

更重要的是，米磊不但建立、丰富“硬科技”的理论体系，还把理论付诸实践，他和他创办的中科创星投资孵化了400余家硬科技企业，投资范围包括半导体芯片、光子技术、航空航天、新材料、新能源等重要领域，其中不少企业已然成为“硬科技”冠军企业，推动了国内的科技成果转化热潮和“硬科技”投资热潮。

当今的时代是科技时代，解决经济周期问题、克服企业的困难、提升企业的竞争力，都要靠科技创新，可以说，创新是这个时代的灵魂。而攻克诸多“卡脖子”技术的过程中，既需要有效市场的发力，也需要政府的支持。因为科技创新的底层逻辑是，我们的政府、我们的大学、我们的研究院、我们的企业必须联合起来，形成从基础科学、应用科学到产品创新的创新链体系。

当然，创新离不开企业家。我们既需要有科学家精神的企业家，也需要有企业家精神的科学家。最近，米磊和我去上海见张文宏医生时又提出一个想法，想组织一个科学家和企业家共同参与的中国版“月光社”，让大家进行头脑风暴，协同推动关键核心技术攻关，加快科技创新步伐。我很期待他组织的中国版“月光社”早日运行，为中国成为世界科技强国做出更多贡献。

在"硬科技"春风里打造硬核公司

米磊 独家访谈
中科创星创始合伙人
中科院西安光机所研究员

硬核公司"硬"在哪里?

《决策之道》: 2010年您就提出"硬科技"的概念, 如今十几年过去了, 您观察到我国企业在这一领域有哪些进展或变化?

米磊: 改革开放后的30年, 中国凭借巨大的人口红利和承接自欧美的技术红利, 发展出强劲的出口导向产业, 带动很多中小企业崛起。但是, 由于当时主要采取"以时间换空间, 以市场换技术"的战略, 自研技术和原始创新是不足的, 十几年前中国的"硬科技"企业数量非常少。

近十年来, 随着国内外形势变化, 中国自上而下都意识到了自主创新和打造中国品牌的重要性, 很多企业从零起步, 经过长期研发投入和积累, 构建了一套自主创新体系并拥有了相应领域的创新能力, 尤其是2018年以后, 很多企业在"卡脖子"技术领域实现突破, 涌现出一大批硬核的科技企业。我们中科创星团队曾将"硬科技"领域划分为八条赛道, 包括光电芯片、人工智能、航空航天、生物技术、信息技术、新材料、新能源、智能制造, 也在这些领域投资孵化了很多前沿项目。伴随着它们的成长, 我们看到了很多企业都在硬科技领域实现了巨大的突破。

比如, 中国自20世纪50年代开始生产燃油车, 但直到今天, 中国燃油车制造技术依然不如国外厂商, 因为他们有100余年的研发积累, 我们很难追上。2003年前后, 中国开启新能源汽车的造车之路, 在汽车研究、开发、制造及电池等方面为企业提供政策与资金支持, 并通过购车补贴、控制燃油车车牌发放等方式刺激消费者的需求。如今, 中国新能源汽车产业已实现"换道超车", 几乎在全产业链上都具有很强的话语权, 比如光伏领域有龙头公司隆基绿

在长期目标指引下分阶段实现一个又一个短期目标，发展一些现金流业务，这样才能保证企业能瞄准更宏大的目标坚持不懈地努力。

能，动力电池领域有宁德时代，新能源汽车制造领域有比亚迪和造车新势力“蔚小理”（蔚来、小鹏、理想）等。

再举一个例子，作为前沿技术的量子计算已是大国科技实力的重要体现。例如，随着“祖冲之二号”和“九章二号” 量子计算机问世，中国在超导量子和光量子两种体系的量子计算中取得新进展，是世界唯一在两种物理体系达到“量子计算优越性”里程碑的国家。这一领域的代表企业有我们团队投资的本源量子，IPRdaily与incoPat创新指数研究中心联合发布的2022年全球量子计算技术发明专利排行榜显示，截至2022年10月18日，本源量子以234件专利居全球量子计算专利排行榜的第六位。

总体而言，近十年是我国“硬科技”企业进步很大的十年。

《决策之道》：您一直呼吁更多的企业家投身“硬科技”，但走这条路并不容易。您认为企业啃下“硬科技”的难点和关键点是什么？

米磊：投身“硬科技”的难点在于这一领域有多重壁垒。

一是时间壁垒。“硬科技”具有四个特性——变革性、关键性、引领性和基石性，这基本决定了人才、工艺、专利等需要时间积累的东西都是它的“门槛”，不是“复制粘贴”就能做成的。例如，现在几乎不可能再做成一家台积电或者英特尔，因为它们多年形成的专利和人才积累是短时间内难以超越的。

二是阶梯壁垒。“硬科技”都是一些底层的关键性技术，从理论突破到实验室小试、中试，最后进行商业化，基本是一步一个坎，因为技术迭代过程涉及很多“know-how”（技术诀窍），从上一代技术层级跨越到下一代的难度非常大，几乎没有“跳跃”的可能性。例如，芯片制造都是从几百微米开始“升级”，到几十微米、几微米、几十纳米，再到几纳米，现在一些外国政府要求在华外资企业将技术撤出，在此情况下，中国的芯片制造能力想一步从几十纳米升级到几纳米，难度是非常大的。

越是“硬科技”企业，企业成长周期往往越长，所以就越考验投资人的耐心及对行业规律的理解。

三是生态壁垒。没有上下游技术的支持是不可能诞生ASML这样的光刻机公司的，而且这样的生态壁垒也不容易建立。1997年英特尔和美国能源部牵头成立了一个研究组织，叫“极紫外联盟”（EUV LLC），成员包括摩托罗拉、超威、美国三大国家实验室等顶级研究机构，总投资2亿美元，集合几百位科学家从理论上验证极紫外技术的可行性。极紫外联盟取得了极大成功，1997年至2003年，该组织的科学家发表了几百篇论文，扫清了极紫外技术的理论难题，只需光刻机厂商把技术落地。当时美国的光刻机厂商已丧失竞争力，光刻机市场只剩下ASML、尼康、佳能三巨头，美国不想把技术转让给日本，于是选择了荷兰的ASML。有了美国的技术转让，再加上每年10亿欧元的研发投入，ASML才在2015年实现极紫外光刻机的量产。回看ASML的发展历程，会发现ASML从开始就形成了完整的产业生态。

四是资金壁垒。首先，“硬科技”具有“重资产”属性，即投资的资金体量比较大，比如一台最先进的光刻机价格超过1亿美元。其次，“硬科技”具有高风险性，需要良好的风险共担机制。究其原因，“硬科技”多为实验室技术，早期产品尚未定型，市场未打开，投资周期长，未来不确定因素很多，这些都影响各类投资主体的投资意愿和投资金额。最后，一个细分领域也有很多技术路线，如果判断错了，也有很大的试错代价，比如当年等离子电视和液晶电视的技术路线就不一样，最后等离子路线遗憾失败。

综上，企业要想啃下“硬科技”这块硬骨头，需要从两方面行动。

首先，要有“硬科技精神”。“硬科技”的研发周期一般都很长，早期不确定性非常高，想啃下这块硬骨头要有耐心，要对“硬科技”有追求、能坚守，千万不能浮躁。我把“硬科技精神”概括为“勇担使命、敢为人先、啃硬骨头、十年磨剑”。

其次，要有方法、有策略，分阶段实现长期目标。“硬科技”的研发过程比较长，企业需要在研发过程中不断取得进展，只要有一定的突破，就能获得源源不断的资金支持。此外，企业也要找到“沿途下蛋”的机会，在长期目标指引下分阶段实现一个又一个短期目标，发展一些现金流业务，这样才能保证企业能瞄准更宏大的目标坚持不懈地努力。当然，企业也要懂得构建并创新引才、用才、留才的人才机制。

投资“硬科技”的逻辑

《决策之道》：您一直深耕“硬科技”投资，这一领域的投资逻辑与其他行业的投资逻辑有什么不同？

米磊：“硬科技”企业的特点是技术硬、研发人员多、研发投入大、周期长、难度高、风险大，所以，投资“硬科技”的人一定要懂技术，还得懂科学家的心理，否则很难融入企业。越是“硬科技”企业，企业成长周期往往越长，所以就越考验投资人的耐心及对行业规律的理解。“硬科技”企业投资额往往也很大，所以要有耐心和风险承受能力。

投资和创业很像，既要有决心又要有能力，还要做专业的决策。在我投资企业的过程中，不光有最初是否投资的决策，还有项目遇到困难时要不要坚持下去的决策，有时坚持下去不对，有时坚持下去又是对的。很多项目初期发展得并不一帆风顺，往往会遇到挫折，这对投资人来说也是一种煎熬——现在是黎明前的黑暗，还是企业真的不行了？

另外，在社会层面上，大家对“硬科技”的认知也是很重要的。我在中科院西安光机所工作，里面有

技术创新是指数增长的回报曲线，而模式创新是反指数增长的回报曲线。

很多获奖的好技术、好项目，光机所也希望推动科技成果转化，然而，在产业化实践过程中，在资本方面遇到很多挫折，从2008年到2012年，很难找到靠谱的社会资本支持。社会资本不愿意投资，一个原因是投资周期长，不能让投资人在短时间内赚钱；另一个原因是完全看不懂这些科技成果，不知道其重要性，即使有一些人愿意投资，也不了解科技成果的内容与成长特点，基本上到了第二个年头，这些投资方就会坐不住，会翻脸、撤资，甚至说我们是“科技骗子”。最后，导致中科院西安光机所的很多科技成果转化都很难进行下去。

因此，我在2010年提出了“硬科技”概念。事实上，当时社会上还把互联网等同于高科技，而真正的支撑互联网发展的底层核心技术，比如半导体芯片、光通信系统等，反而被忽视了。“硬科技”好比大厦的地基，地基不牢，大厦盖得再高也是枉然。

中国正处在发展的转折点上，要从人口红利转向创新红利，从工人红利转向工程师红利，从模式创新转向科技创新。可以说，技术创新是指数增长的回报曲线，而模式创新是反指数增长的回报曲线。进入工业时代以来，技术创新的成果往往是前期基数低，即便每年增长30%，增幅也很小，只有过了某个拐点才能高速增长。所有“硬科技”企业基本上都是这种发展模式，想靠几年时间就做出一家成功的“硬科技”企业几乎是不可能的。

《决策之道》：截至2023年2月底，中科创星投资孵化了401家“硬科技”企业，培育出源杰科技、中科微至等“硬科技”冠军企业，这些企业吸引您的共同特质是什么？

米磊：第一，这些企业的技术都很“硬”，有比较强的技术壁垒。一般来说，在企业生命周期内能活下去的企业，尤其是民营企业，要么因为技术壁垒高，就算卖得贵，也有人埋单，因为其他企业做不出高性

> **一个好团队不管是战略制定能力、执行能力，还是创新能力、融资能力都要很强，当然，还有一个加分项就是创业者有“硬科技精神”。**

技术不管怎样发展，终究要有应用场景。

能的产品；要么因为企业的管理、运营或供应链做得好，能够创造一个全新的商业应用场景；要么就是生产成本低，能把产品价格压到底，竞品企业扛不住。第一种是前沿科技引领的高端技术与制造企业，这类企业极少，比如华为；第二种是很多新消费企业或是转型的传统企业；第三种则是一些劳动力密集的制造企业，它们数量较多，往往靠"价格战"生存，比如早期的大多数中国企业。

"硬科技"企业掌握着关键性、革命性的节点技术，能通过技术提升产业链、供应链韧性，增强产品竞争力且在产业链中占据独特的生态位，因此拥有成为冠军企业的潜力。这些企业往往会得到我们团队的关注。

第二，这些企业找到了足够大的市场且占领了生态位。首先，它们所在的市场容量不小；其次，它们在产业链中很关键，没有它们，产业链上的其他玩家可能"活得很艰难"。比如新能源汽车是一个空间足够大的市场，其中1/3以上的成本都在电池端，这可以解释宁德时代这几年为何发展得如此快。前面提到的光刻机制造商ASML也一样，在产业链中占据了关键生态位，没有光刻机就没有几千亿美元的半导体芯片市场，更没有几万亿美元的下游应用市场。

第三，这些企业的团队都很优秀，把事做成的概率很大。从投资人的角度来说，一个好团队不管是战略制定能力、执行能力，还是创新能力、融资能力都要很强，当然，还有一个加分项就是创业者有"硬科技精神"，能够"十年磨一剑、十年如一日"地投入技术研发中，不断进行技术升级。

第四，"硬科技"企业一般都是产研一体的。它们不断地拓展科技前沿，在创造经济价值的同时也为社会提供知识价值（科学知识）、社会价值（绿色环保、生命健康），提供产品推动社会发展和进步。

《决策之道》："硬科技"理解起来有一定的门槛，一些企业可能打着高科技的噱头骗取投资。如何才能识别出真正有前途、值得投资的"硬科技"企业？

米磊：首先要懂技术，能够从技术角度看清企业技术的价值；其次也要懂市场，看到技术背后的商业价值；最后还要懂管理，看得清企业内部的管理价值。

展开来讲，**第一点是注重技术本身的价值**。技术本身有不少类型，但主要可以分为颠覆性技术和延续性技术，或者说前沿性技术和非前沿性技术。一家企业的技术到底是颠覆性技术还是延续性技术，其能够带来的价值（包括经济价值和社会价值）显然是不同的。这一点就像马车和汽车，后者对于前者来说属于颠覆性技术，很明显，不管是从经济价值还是社会价值来判断，汽车的价值都是更大的。不过，这并不意味着延续性技术不好，实际上今天的很多技术本质上都属于延续性技术，它们一样能让生活变得更加便捷美好。只是对于投资"硬科技"企业来说，延续性技术不是我们长期重点关注的方向。

第二点是注重技术背后的商业价值。技术不管怎样发展，终究要有应用场景，如果一项技术只能在实验室使用或只有小规模应用的可能，那么至少短期内其市场价值可能比较低。当然，非常前沿的技术，比如可控核聚变，不在这里的讨论范围内。另外，看技术背后的商业价值其实也是在看技术的前景。比如合成生物这些年"火"起来，是因为其涉及人类的生命健康，依靠常识都能判断出其市场前景巨大。半导体、新能源也一样，它们面对巨大市场，串联诸多产业和商业场景，所以商业价值也很大。

第三点是注重企业内部的管理价值。企业是人的集合，但人都有自己的思想和行动方式，一群人凑在一起，如果没有制度和管理手段，那就是乌合之众。"硬科技"企业尤其如此，它是高智商的脑力工

判断对了长期趋势，不被短期波动干扰，坚持去做，始终朝着对的方向去努力就会成功。

作者的集合，更需要将智力资源发挥出最大的价值。试想，一家管理混乱不堪的企业，怎么可能有一致的目标和信念，又怎么可能改变世界呢？

所以做“硬科技”投资要懂技术、懂市场、懂管理，从单一的维度来判断“硬科技”投资是不够的。实际上，目前这样的复合型投资人才相对较少。

正确决策的秘诀：坚持长期趋势

《决策之道》：您曾经说过“当市场判断错误，我应该告诉大家什么是正确的”，前面也说到投资和创业过程中判断是否应该坚持下去的决策非常重要。关于如何做出正确的判断和决策，您有什么经验可以分享吗？

米磊：**第一，长期趋势更容易判断。**过去这么多年，我们投资团队之所以能踩对趋势，就是因为我们一直坚持判断长期趋势，这样的成功概率会更大。我认为短期的趋势反而更不容易判断，因为短期波动的不确定性很大，大家对于短期波动不用特别在意，只要判断对了长期趋势，不被短期波动干扰，坚持去做，始终朝着对的方向去努力就会成功。

第二，从底层逻辑的角度出发更容易判断正确的趋势。埃隆·马斯克说过自己是从物理学的“第一性原理”出发来决策的，我也是学物理的，也喜欢通过事物的原理去判断趋势。事物的原理不可能轻易改变，按照底层逻辑去判断事物的发展趋势和规律，基本上不会错，比如技术进步的趋势、市场需求的趋势等；如果通过人们的想法去判断趋势，结果是很容易变动的，可能今天大家这么想，明天就会那么想。

事物的原理是不可能轻易改变的，按照底层逻辑去判断事物的发展趋势和规律，基本上不会错。

《决策之道》：在您看来，长期的趋势有哪些呢？

米磊：我认为技术是重要的长期趋势之一。

从人类文明发展的角度来说，技术是文明发展的驱动力。三次工业革命大大促进了人类社会的经济、制度、文化发展。

从人类社会当前遇到的挑战来说，各个国家都会更加重视"硬科技"。近几年为什么会有中美贸易摩擦？因为全球经济进入衰退期，国家之间竞争变得更激烈，不管是在国防军事中还是在经济发展中，技术的重要性都愈发凸显。从这个角度来说，技术也是一个长期趋势。

从应用层面来说，人类社会未来的能量密度和信息密度会不断地提升。因此，能源一定会不断升级，比如当下的新能源、可再生能源，未来氢能进一步普及也是必然的；在信息领域，从3G到4G，再到今天的5G，信息技术更新得越来越频繁，未来元宇宙等技术也肯定是大趋势。

《决策之道》：您觉得企业家如何才能抓住"硬科技"的春风？

米磊：我认为企业家要从以下几个方面来考量。

第一，对打造具有科技创新能力的企业要有坚定信念。创新经济学之父约瑟夫·熊彼特（Joseph Schumpeter）认为创新就是把生产要素和生产条件的"新组合"引入生产体系，并将创新归纳为五大创新方式：新产品、新生产方法、新市场、新组织和新的供应链，而经济的发展就是依靠这些"破坏性创新"。但是，在面对"破坏性创新"的时候，我们每个人都会存在两种截然相反的态度：拒绝或拥抱，而商业史告诉我们，拒绝的一方大多数都会被"埋葬"在历史之中，如柯达、诺基亚等。回看当下，乃至展望未来，企业家要坚定对"硬科技"的信念，加大投资力度，在"硬科技"领域投资得越早、越多，将来回报就会越高，这是确定的。

第二，清晰定位。生物学里有一个概念叫生态位，只要不出现极端情况，处在生态位上的生物是能"永远"延续下去的。"硬科技"冠军企业不一定非

在面对"破坏性创新"的时候，我们每个人都会存在两种截然相反的态度：拒绝或拥抱。

科技的重大突破往往取决于几个天才或是精英的智慧迸发，但如果没有企业家的参与，再好的技术发明都有可能被束之高阁。

要是“高大上”的，不一定非要成为世界级巨头，不一定非要做出颠覆性动作，只要能通过自主创新占据“硬科技”产业链的某个生态位，补足产业缺环，实现国产替代，解决产业链的效率和安全问题，就有可能成功。当然，如果企业的能力足够强、决心足够大、资源足够多，能够颠覆传统产业或创造新产业更好。

第三，态度决定成果。企业家或创新者的动机并不仅仅是追求财富或其他享乐主义的欲望，而是为了实现创新乃至改变世界。历史也证明了这一点——科技的重大突破往往取决于几个天才或是精英的智慧迸发，但如果没有企业家的参与，再好的技术发明都有可能被束之高阁。

第四，时刻关注国家大局。企业始终是为解决问题而存在，解决的问题越难、越大，企业就活得越久、越强、越好，尤其是对中国企业来说，“立足中国国情、服务中国市场”是非常重要的经营原则。2022年12月16日闭幕的中央经济工作会议明确了2023年的五项重点工作任务，其中将“加快建设现代化产业体系”作为未来工作的重点任务之一——具体包括“提升传统产业在全球产业分工中的地位和竞争力，加快新能源、人工智能、生物制造、绿色低碳、量子计算等前沿技术研发和应用推广”，这其实就是中央在为企业家指明方向。

《左传》中说的“立德”“立功”“立言”之“三不朽”，是中国知识分子的最高人生追求。我希望新时代的企业家有更高的追求，把个体的人生融入国家、社会的命运中去，啃硬骨头，做别人不敢做的事情，促进社会价值（立德）、经济价值（立功）和知识价值（立言）的提升，在“百年未有之大变局”下为中华民族伟大复兴贡献出一份力量。

采编：田兴宇

春风三千里，
万物又生发。
闲坐江湖侧，
一梦到天涯。
插画摘自 @ 老树画画

案例

CASE

推荐语

安徽制造业弯道超车的2个密码

刘庆峰　推荐

科大讯飞股份有限公司董事长

2021年，安徽省制造业GDP增加值超1万亿元，全国排名第10，晋级第一方阵。如今的安徽，已经成为先进制造的排头兵。2022年3月，中央广播电视总台《对话》节目组来到合肥，王清宪省长参加节目录制，带我们解码安徽制造业“逆袭”的秘密武器。

创新驱动是安徽制造业实现弯道超车的关键要素之一。2022年，安徽区域创新能力跃升至全国第7位，一批批源头技术和核心技术的革新在这片土地上不断涌现，而工业互联网的发展加速了安徽创新的步伐，二者相辅相成，让这条创新之路越走越宽。2022年3月，清宪省长开创性地提出希望通过工业互联网打通产业需求和科研力量，“从生产的工业化驶向创新的工业化”。随后，省政府支持羚羊工业互联网平台打造了科产板块。目前，羚羊科产已上线7.1万个科技成果，入驻1.9万位专家学者，实现了科技成果与企业需求的“双向奔赴”，为安徽省提供了源源不断的创新活水。省政府专题会议进一步指出，要通过羚羊平台推动有为政府和有效市场深度结合，助力政府政策和补贴，从“喷灌”到“滴灌”，提供精准施策工具及平台，阳光高效运行。

工业互联网则是安徽制造业“逆袭”的另一个密码。省政府向来以顶格战法推动工业互联网，清宪省长先后9次聚焦工业互联网，指导羚羊平台建设。2022年两会期间，清宪省长连夜召集来自各行各业的专家学者，围坐讨论政府工作报告。谈到用工业互联网助力安徽省制造业发展，大家兴致高涨，展开了热烈的讨论。此外，清宪省长还特别提倡以学术氛围来研究、探讨问题，专门在中国科学技术大学国际金融研究院组织政府相关部门和企业家进行工业互联网专题研讨，进一步梳理清楚了安徽省发展工业互联网是要推动羚羊工业互联网平台、中国科学技术大学科技商学院以及科大硅谷互相联动赋能、协同创新，并写入了省政府工作报告，使得安徽工业互联网发展插上了科技和产业生态的翅膀。

在安徽，羚羊平台基于核心技术建设工业互联网，通过人工智能和大数据实现海量供需高效深度对接，让越来越多的中小企业成为数字经济“领头羊”。例如，羚羊平台正在逐步探索人工智能在工业互联网领域的创新应用，借助领先的工业声学、工业视觉、工业知识图谱等AI源头技术优势，打造了工业听诊器、声学成像仪、工业六感设备卫士、工业AI一体机、工业六感四足机器人等一系列工业智能硬件产品，解决工业安全生产中的痛点、难点。此外，羚羊平台还通过一体化数据平台助力安徽企业打破“数据壁垒”，通过这个“数字底座”，可为企业建立“数据安全区”，让原本无法流通的数据在不同市场主体之间安全高效流通，为各类急需数据资源的企业开展创新提供数据要素支撑。目前，羚羊平台入驻总用户数已突破24.6万，服务企业超56.2万次，帮助越来越多的企业成为“领头羊”。安徽被中国信通院《2022中国“5G+工业互联网”发展成效评估报告》列入工业互联网示范引领第一方阵，羚羊平台也从安徽“跳”向全国，入选工信部“双跨”工业互联网平台，并成为工信部《工信动态》向各省推荐的两个案例之一。

最近，ChatGPT在全球范围内掀起了一股人工智能的浪潮。作为人工智能在工业领域落地的先行者，羚羊平台也正在打造一个面向工业制造业的人机对话平台，集多媒体内容生产、供应链寻优、设备预测性维护、智能客服等功能于一体。未来，我们愿基于人工智能核心技术，变革传统的工业生产模式，在安徽打造工业互联网创新高地，谱写出中国制造业高质量发展的崭新篇章。

站在2023年的新起点上，《决策之道》基于《对话》节目总结出《安徽样板：如何实现制造业“逆袭”？》一文，揭秘安徽“逆袭”的秘密武器，对广大关心和从事制造业的朋友具有较强的参考作用。特此推荐，希望读者朋友们能够从中有所收获。

安徽样板：如何实现制造业“逆袭”？

中央广播电视总台财经节目中心
《对话》栏目 对话

王林 批注

中国民主促进会中央经济委员会副主任
正和岛首席经济学家

在很多人的印象里，安徽是一个农业大省。近些年，诸多新兴企业从安徽走向全国，人们才惊觉安徽已经成为先进制造的排头兵。在本文中，以安徽省省长王清宪为代表的政府领导与多位企业家共同交流，讲述了安徽“逆袭”的秘密武器：“链长”、商业协会、政府基金、工业互联网……这些措施帮助安徽和安徽的企业飞速发展，形成一片生机勃勃的先进制造业生态。本文根据中央广播电视总台财经节目中心《对话》栏目2022年7月9日的节目《安徽的制造业“逆袭”》摘录，略有删改，希望对读者有所启发。

主持：

陈伟鸿 中央广播电视总台主持人

对话嘉宾：

王清宪 安徽省委副书记、省长

罗云峰 安徽省合肥市委副书记、市长

王金照 国务院发展研究中心产业经济研究部部长

刘庆峰 科大讯飞股份有限公司董事长

张德强 维信诺科技股份有限公司董事长

王林 批注①：

最近这几年，安徽经济已经不是从1到2、3、4这样的线性发展，而是从1到10、100、1000这样的指数型发展，这与当地干部对党中央精神的贯彻、对地方情况的了解和对事业的热情密切相关。中共中央政治局会议提出的“让干部敢为、地方敢闯、企业敢干、群众敢首创”，在安徽表现得特别明显。

为什么会是安徽？

陈伟鸿：在中国经济的版图上，制造业大省总是备受瞩目。有一个地方，在过去很长一段时间里，大家总把它和农业大省联系在一起。但今天提起它的名字时，人们首先想到的是新兴产业、是逆袭。这个地方就是安徽。大家心中一定很好奇，“为什么会是安徽？”今天我们请一位特别的嘉宾——安徽省委副书

记、省长王清宪，来给大家解开这个疑问。

王清宪：长期以来，安徽在国人的心目中是一个农业大省。我曾在新闻界工作，做农业报道的时候常常来安徽。一转眼我已经离开新闻界20多年，再来到这片土地上工作时，安徽完全蜕变成了一个强大的工业省份。

安徽的蜕变离不开“长三角一体化”的国家战略，这是安徽发展最大的“势”。作为中国经济的压舱石，长三角产业辐射特别强劲，2021年安徽省重点项目的投资，有60%来自长三角企业。安徽也有其得天独厚的条件：高铁里程是全国最长，有大量高端人才，再加上我们的土地、劳动力、生活等成本相对较低，这些都助力了高端制造业向安徽快速集聚。

王林 批注②：

王清宪省长是一位非常优秀的领导，我和他接触过几次，他眼光长远，胸怀博大，而且办法也非常多。

安徽整个省只有十大产业链，而有的地区仅仅是一个市，竟有二十几条产业链——这是要向安徽学习的：究竟是抓重点，还是分散精力、漫天撒网？二者是完全不同的思路。部分地区发展产业时，又想抓重点，又想提高在其他行业的影响力，结果就是两头落空。安徽的思路就是抓住重点，在重点产业聚集人力、物力、财力、精力，实现突破。

陈伟鸿：我跟那些渴望到安徽的企业家交流的时候，他们提到了一个对我来说有点陌生、有点专业的词，叫“链长顶格推进”，这是什么意思？

王清宪：我们为新一代信息技术、智能网联汽车、人工智能、新能源、新材料和绿色食品制造等十大产业成立了10个产业专班，每一个产业专班都由一位省领导来牵头，这个人就成为“链长”。在一个部门的总牵头之下，行业协会、龙头企业、专家学者、社会基金等要素聚集到一起，开会研究这一年来本产业发展中的问题，并对未来形势做出研判。等到政府工作会议的时候，链长要把这些来自市场的声音和建议与政府政策更有效地结合、推进，并且负责协调，这就叫“顶格协调”。

张德强：安徽在历任“链长”的领导下已经建成了显示产业和半导体产业的一个产业集群。因此，维信诺的柔性屏项目落户安徽是市场化选择的结果。在这里，维信诺的玻璃、芯片、有机材料等都是本地化供应，节省了物流费用的10%~15%；从别的地方买新产品用的掩膜版制具要21天时间，与本地的合作伙伴合作用14天就解决了……维信诺上游、下游的合作伙伴都在这里，这些优势能让我们快速进入市场、提高竞争力，进而赢得市场机会。

除了产业集群的优势，企业日常经营遇到问题也可以找“链长”。企业过去这3年最大的难题是什么？是遇上了新冠感染疫情。多亏了“链长”的协调，企业几百亿元的投资、1万多名员工从来没有停工过，最后如期完成，实现了交付。

王清宪：假设以前张董事长做一件事需要几个部门协同，他可能就要分头去拜访多位领导，时间成本很高。有了“链长”之后，只需要“链长”把有关部门叫来一起研究、沟通情况，当场就可以解决了。

王林 批注③：

“链长”和“链主”分工合作，政府方面由省领导牵头，产业方面由龙头企业牵头，二者相互配合，把政府和企业的资源很好地结合起来了。一些地区也有“链长制”，但“链长”并不了解企业，企业也不太敢说真话，只能听“链长”的。安徽的做法让“链长”和“链主”成为同盟，二者是合作的关系。

陈伟鸿：产业链里还有一个特殊的角色叫“链主”。“链长”和“链主”如何分工？

王清宪：“链长”主要负责系统协调，为企业做好服务；“链主”由主导企业或龙头企业担任，负责在“双招双引”中撮合上下游，吸引上下游更多地到安徽来。包括“招商引资”“招才引智”的路线图也是“链主”负责，因为他们在行业里有影响力，熟悉行业的分布，最清楚专业人才、专业团队、专业技术、专业企业分布在全世界哪些地方，能让我们精准地去招商。

此外，政府在推动十大产业链发展的时候，要求每一个产业链成立商业协会。过去政府部门制定政策时常遇到的问题是政策不精准，制定、出台了很多政策，可颁布之后企业无感——这些政策都不是来自企业，但最清楚市场的只有企业，比如整个行业遇到了什么问题、什么措施更得当以及外地企业享受什么政策……现在安徽省内很多产业发展规划或推进方案的蓝本都是龙头企业和商业协会拟的初稿。企业的声音就是市场的声音，它们最懂市场。

王林 批注④：

“链长”想真正研究、发展产业，就需要花很多时间和功夫，但他们在政府部门里还有其他工作。而且，一个省有那么多企业，“链长”自己去了解千百个企业也行不通。

商业协会是聚集企业家声音的抓手。在很多地区，商业协会形同虚设，安徽省政府却让商业协会真正发挥作用，把企业家聚集起来，形成统一意见。这有利于“链长”真正听到企业的声音，让政府里的上传下达更加畅通、高效。

打造“四链合一”的产业生态

王林 批注⑤：

“四链合一”是一个非常好的资源整合模式，安徽在这方面是走在前面的。

企业的发展就好比植物的生长，如果土壤培育好了，灌溉的雨水充沛了，阳光和温度也适宜了，只要播下一粒种子，很容易就能长成大树……只满足单一要素是形成不了生态的，有的地区为了发展经济减少行政审批，这当然很好，但优化营商环境仅仅是减少行政审批就能做成的吗？这只是企业经营生态的众多要素之一。企业周边有没有产业链？有了产业链以后，传统技术和产业需要发展，还需要创新链，而创新又需要人才链……所以安徽成功逆袭，关键在于系统性的思考：着力配置资源，形成“产业链”“创新链”“人才链”“资金链”等。

陈伟鸿：安徽已经聚集了非常多的龙头企业，也在龙头企业的带动下形成了一个又一个产业集群。您认为安徽应打造什么样的产业生态？

王清宪：这是一个很关键的问题。企业发展像植物生长一样，需要适宜的生态，比如适宜的阳光、温度等。我们将企业所需要的生态概括为“四链合一”。

（1）“产业链”。企业生产环节多，因此企业单打独斗不一定能成功，还需要有上下游配套条件。如果企业在安徽生产电子产品，所有的零配件得从深圳购入，那么成本肯定会大幅增加。正因为安徽的显示、芯片等产业配套都完备，以新能源汽车为代表的诸多产业才会往安徽集聚。

（2）“创新链”。如何把科技创新的能力与新兴产业的发展打通，让二者更好地结合在一起，是安徽省政府一直在研究的问题。从政府的角度来看，首要问题是科技创新资金的分配。现在我们的流程是这样的：首先，从企业生产需求里诞生政府的项目选题，然后政府部门把各类选题分配给各个有科研能力的部门，不同的选题有不同的资金分配。这样从资金分配开始，科研题目和企业生产就结合在了一起。

对于科技成果转化率低的问题，有关部门做了专题调查，调查结果显示虽然转化机制存在问题，但不是主要问题，根本的问题是不少科研题目压根儿没有转化的价值。因此，政府现在要求科研项目在立项的时候，就把“科研成果的转化价值是什么”作为一项重要说明。如果某个项目本身就是应用型，立项说明时转化价值又不清晰，那政府分配的资源就会打折扣了。

（3）“人才链”。顾名思义就是“招才引智”，吸引各方面的人才。

（4）“资本链”。2021年开始，我们为了完善“资本链”采取了“万家企业资本市场业务培训”专项行动，即对企业的董事长、总经理进行资本市场业务培训，培训目的是让更多企业能够进行直接融资。截至2022年7月，我们已经培训了1.6万名董事长、总经理和企业高管。

陈伟鸿：花这么大的功夫让他们走进资本市场，了解资本市场，是出于什么样的考虑？

王清宪： 其实企业融资的渠道是多方面的，然而很多企业缺乏相关知识，导致企业太依赖银行，融资困难，最后制约企业发展。在安徽，京东方、蔚来、长鑫等企业传奇般的引进故事，都源于政府基金的投资行为。实际上，政府基金不仅扶持了产业，也给政府带来丰厚的盈利，这些盈利又能用来支持政府引进更多好产业、好项目。这种方式我们叫“栽大树”，具体可以让罗云峰市长讲一讲合肥市的实践。

罗云峰： 合肥在产业投资上，注重发挥国有资本的引领和带动作用，弥补市场的不足。有的企业在产业链上很重要，即使还在前期不盈利的阶段，市场资金没有投入，政府也会下决心先领投。

在这方面，从决策体系到干部培养体系，安徽省政府已经有一整套打法。比如在干部队伍的培养上，要求干部必须有强烈的产业感知力、政策应用力、决策执行力和为企业服务的能力。这样，从天使投资到PE（股权投资）、VC（风险投资），再到产业投资乃至直投等方式，我们都能保持系统地推进，也取得了非常好的效果。

从2021年年底到2022年年初，我们设立了一个200亿元的政府母基金，各方资本的反应非常热烈，有源源不断的金融活水来浇灌合肥这片土地上的种子，后面一定会有更多这样的“大树”企业蓬

王林 批注⑥：

在很多产业尤其是创新型产业里，企业发展初期最大的问题就是缺乏资金。企业刚起步，一方面没有太多可以抵押的资本，没办法从银行贷款；另一方面还没有做出成绩，达不到上市标准。安徽大胆发挥国有资本的引领和带动作用，在很多地区止步不前的时候又一次走到了前面。他们不仅有胆量，更厉害的是能够慧眼识英雄。王清宪省长形容产业投资干部队伍用了一个词：“强悍”，这既体现在敢为人先的魄力上，更体现在专业性上——没有魄力就不敢干，没有专业性就看不准。2023年央视春晚的小品《坑》就展现了一些“躺平式干部”的心理：“反正多干多错，那还不如不干”。如果大家都害怕担责，那就会光听到口号，看不到行动。现实中缺少的往往就是安徽省政府里这样强悍的队伍。

举个例子，蔚来汽车本来遇到了极大的困难，在生死关头，安徽果断出手，注入国有资本，因为他们看好新能源汽车的未来，也进行了技术、市场等多方面的分析。在蔚来汽车的案例中，政府发挥引导作用，企业发挥主导作用，二者就像一双翅膀，协作腾飞。这是很高明的战略站位，在全国范围内都非常突出。

干部必须有强烈的产业感知力、政策应用力、决策执行力和为企业服务的能力。

勃生长。

陈伟鸿：王省长，您对安徽的投资回报还满意吗？

王清宪：这些投资的回报很丰厚，15亿元本金已经回报75亿元了。不过，投资不能说没有风险，我们的模式也不是谁想学就能学的，罗市长也说了，需要有一支非常强悍、有智慧、专业化的产业队伍，精准把握产业趋势和评估投资风险才能成功。如果没有相应的能力，几十亿元资金投进去，对政府来讲也是很大的风险。

我还要强调一点，光靠“栽大树”是栽不成森林的，必须“育森林”。移植几棵大树可以，但如果把“移植大树”当饭吃，风险就大了。“育森林”要靠什么？要营造生态，全省构建多层次资本市场。这里面包括：

（1）鼓励企业上市、进行股份制改造、寻求上市辅导、IPO。

安徽省2021年有23家企业上市，达到了历史最高水平，而我们“十四五”企业上市的预期目标是至少翻一倍。

（2）培养市场化的“基金丛林”。

我们从原来无偿划拨的资金里拿出了100亿元，用来撬动市场化基金，预估撬动8~10倍，也就是说100亿元预估能撬动800~1000亿元，从省政府到市政府都在开展。“基金森林”围绕十大主导产业展开，撬动市场基金后不仅能解决钱和资本的问题，还能够发现项目、撬动人才、聚集人才，能够推动创新、孵化新的高科技产业项目，多种功能叠加，也会增加其他地方的优质资源向安徽集聚。

工业互联网的威力

陈伟鸿：在安徽用心构建的全新产业生态当中，每家

企业其实都有了新的角色和新的定位，在刚才提到的产业新布局当中，科大讯飞的新身份是什么？

刘庆峰：2021年9月18日，王清宪省长为安徽省经信厅与科大讯飞联合打造的羚羊工业互联网平台揭牌。羚羊工业互联网平台主要为制造业的中小企业服务，把数据传到工业互联网后台，可以精准地看到机器设备运行情况、生产调度情况。

光靠“栽大树”是栽不成森林的，必须“育森林”。

在羚羊工业互联网平台上，有很多企业通过分析数据，使设备运行效率提升了20%以上，小工单的满足率提升了40%以上。尤其在“双11”这种活动期间，企业可以把生产线与后方的营销大数据、市场分析结合，根据需求快速调整产品线，迅速让原来闲置的生产线变成满负荷运转，大幅度提升效率。

王清宪：为什么习近平总书记在多次讲话中把工业互联网作为新基建的内容？工业互联网的作用是什么？它不是传统工业的新工具，而是用工业互联网的模式把数字化、5G技术、信息化、制造业向服务业延伸，推动制造业和服务业的融合模式创新，同时它也是新的工业组织形式，通过一个平台，整合全球的要素资源。

安徽省政府鼓励全省科研院所和高校的研究人员以单位、组织或者个人的身份成为羚羊工业互联网的科技服务资源，把自己的研究领域等信息放上平台。当企业用户提出需求，平台就能匹配相应的专业人员，接着创业团队就可以自己选择组合哪几家单位或个人来一同研究问题，后续还可以达成商业合作的协议，以最快的速度让资源对接。

陈伟鸿：想创业的大学生是不是也有机会上这个平台？

王清宪：对，省政府拿出5亿元支持他们创业，鼓励大学生到工业互联网来发现科研题目。如果学生在某个地方发现了企业的需求，就可以立项作为自己

王林 批注⑦：

我对工业互联网算是有点了解。我国给四家企业发了5G牌照：中国移动、中国联通、中国电信、中国国网，我是国网的5G国家重点实验室专家组成员之一。现在很多人对5G有误解，把它仅仅看成一种打电话的技术，其实这不是最主要的应用途径。5G最主要的应用在产业互联网上，安徽让5G的产业互联网应用从概念变成了现实。

当今世界的趋势是什么？产业数字化、数字产业化。王清宪省长在这方面有优势，他是从产业互联网龙头山东青岛调任到安徽的，迅速地把两个省份的龙头企业对接了起来，给了安徽企业家学习的路径和榜样，让产业互联网在安徽真正落地。

的论文题目，项目如果通过了，就能得到政府的资金扶持。这样，我们就把产、学、研结合起来了。

陈伟鸿：王省长，您有没有在某一个时刻，被企业对于产业数字化的需求深深地震撼了？

王清宪：我是从青岛来的，海尔"卡奥斯"工业互联网的实践对我有很深的启发，我曾经4次去海尔的工业互联网基地进行调研，完整地学习了工业互联网的技术原理和应用原理。

到安徽来的第三天，奇瑞董事长尹同跃来看我，他的企业是中国汽车业中自主知识产权最多的企业。那时候我突然想起来海尔，就跟他说，"你在中国的汽车制造业里面有这么多自主知识产权，为什么不建汽车制造的工业互联网平台呢？"谁建平台，谁就拥有行业资源调配的强大动能，而且拥有更多的产业数据。他立刻兴奋起来了，不过他没有参与过工业互联网，我就说，"这样，你去跟海尔的周云杰见个面，你们俩坐到一起谈一谈想法，沟通一下彼此的情况和需求。"

尹同跃第二天就坐飞机去青岛，两个人中午一边吃饭一边聊，兴奋地在饭桌上就跟我打电话，说碰撞出来很多想法，达成了5个方面的合作共识，包括个性化定制、物流、研发等。他们发现汽车的供应链和消费群体与海尔有高度重合的地方，当双方的资源整合在一起的时候，都放大了自己的能量。后来他们在合肥签约，联合建立了工业互联网平台。通过工业互联网实现个性化定制之后，瑞虎一款车一个月就卖了4万台，可见工业互联网的威力。

最具安徽特色的打法

陈伟鸿：我们也特别请到了国务院发展研究中心产业经济研究部的王金照先生。王先生认为，安徽这一整套

打法中，最具安徽特色的究竟是什么？

王金照： 安徽没有把市场和政府用二分法分开，而是都作为组织者、协调者、推动者，相互补位、协同推动经济发展，有效的市场和有为的政府有机地结合。这个道理不是从教科书上得来的，而是从实践中得来的。在具体执行层面上，安徽有一套成体系的专业化队伍，背后也有很好的机制作为保障，我觉得安徽做了很好的探索。

陈伟鸿：在安徽工业发展进程当中，还有一些传统的企业、行业，它们曾立下汗马功劳，但今天我们都在关注新兴产业，它们是不是就不像当年那样被重视了？

王清宪： 这里面有一个需要澄清的认知问题，我们现在推进新旧动能转换，那什么是新动能，什么是旧动能？有的人把传统产业理解为旧动能，我认为这是不准确、不科学的。

新旧动能指的不是行业、产业，而是行业的增长发展方式。你的企业增长方式是粗放型还是集约型？集约型的增长就是新动能。那什么是集约型的增长动能呢？是科技与创新推动的发展，是科学管理推动的发展，是劳动者素质提高推动的发展。

陈伟鸿：无论是转型升级的老企业，还是新兴产业中蓬勃发展的新企业，它们都在助推安徽打造制造强省的过程中发挥着重要作用。但在今天，它们的发展其实都面临更多的挑战，每位企业家可能都要停下脚步思考下一步该怎么走。在这样的十字路口，王省长有什么样的心里话想和他们分享？

王清宪： 我和企业打交道的时间是比较长的，20世纪90年代初，我就在《人民日报》经济部当记者，我报道的对象主要是企业，在那段时间我经历了90年代企业改革的全过程。

今天的企业的确很不容易，作为企业家是真

新旧动能指的不是行业、产业，而是行业的增长发展方式。

王林 批注⑧：

构建“亲”“清”的政商关系，“清”对广大干部来说其实不难，我国的党风廉政已经做得非常好了，但在“亲”上，很多干部为了避嫌都不太愿意跟企业家打交道。王清宪省长强调这两个字不可偏废，少了一个字都不行，没有“清”，干部队伍就不纯洁，没有“亲”，民营企业家就没有信心。我记得他还问过其他干部，手机里有多少个民营企业家的电话号码或者微信，还要求重要干部的手机里至少要有500个企业家的电话、1000个企业家的微信。他不仅有政治高度，而且有可落地的执行方法，这是难能可贵的。

王林 批注⑨：

这个观点很独特。王清宪省长没有把政府和市场用二分法区分开来，而是把二者看成一个整体。我认为这是中国特色社会主义，尤其是习近平新时代中国特色社会主义思想的一种全新实践。

不同于美国“大社会、小政府”的模式或者英国“政府作为守夜人”的模式，安徽的实践体现了我国政府和企业是互相补位的共同体，有实现中国式现代化的统一目标。朝着这个统一目标，企业发挥主动性，完成企业的任务——发展经济；在市场效率不高、能力不足的时候，政府补上去。二者形成合力，在党的大政方针的引导下推动社会前进。

难，挺过这个困难的时期，也的确需要企业家的意志力和智慧。而且，越是困难的时候，政府越要体谅企业和企业家的不易，要和他们并肩面对挑战，一起克服困难、抢抓机遇，同时更需要弘扬企业家精神，尊重企业家，构建“亲”“清”的政商关系。如何更深刻地理解习近平总书记讲的构建“亲”“清”的政商关系？“清”不用解释，就是要清廉、廉洁。“亲”呢？我觉得更深刻的含义是“尊重、理解、成全”，这是对企业家精神最好的尊重。

中央提出“六稳”“六保”扶持企业渡过难关，出台了一系列政策。对这些普惠性的政策，我们要不折不扣地落到实处。关于如何扶持企业，我们在2022年还有一个重要的思路，就是把保市场主体、培育“专精特新”、数字化转型和培养制造业的核心竞争力结合起来。比如我们鼓励企业技术改造和数字化转型，如果市场特别好，满负荷生产都供不应求，企业停下生产线来搞技术改造，那技术改造的成本就提高了。而在市场需求不饱和时，对于那些有核心竞争力、有技术或者未来产业、市场空间看好的企业，正是进行技术改造和数字化转型的好时机。这可能成为安徽制造业整体提升的一次机遇，政府和企业家要共同努力来抓住这次机遇。

我在这里邀请全国、全球的企业家到安徽来，乘上安徽在中国新发展格局中具备独特优势的大势。

编辑：张启玉、田兴宇

透视ChatGPT：用AI推动企业数字化发展飞轮

周伯文 独家撰稿
清华大学惠妍讲席教授
衔远科技创始人

2023年伊始，在亿万网友发起的调侃对话中，ChatGPT骤然爆红，比尔·盖茨宣称，“像ChatGPT这样的人工智能，与个人电脑、互联网同等重要”。ChatGPT的强大对话能力究竟意味着什么？人工智能可能为企业带来哪些变革？本文基于《决策之道》对清华大学惠妍讲席教授、衔远科技创始人周伯文的专访改编，希望对读者有所启发。

2022年以来，AIGC领域得到资本市场、业界乃至全社会越来越多的关注，尤其是OpenAI实验室开发的ChatGPT问世之后，在全球掀起了一股人工智能（AI）的话题旋风。所谓AIGC，英文是AI-Generated Content，意思是用AI生产的内容。作为一名技术研究者，我更多使用生成式AI即Generative AI来代指AIGC，这更强调它“生成、创造”的价值，而非产出的内容。ChatGPT是生成式AI的最新进展，具有里程碑意义，对很多行业特别是企业数字化具有深远影响。

ChatGPT的意义：可交互的“第二大脑”

首先要概括地说，AI领域最核心的研究始终是如何不断提升模型在知识、计算、推理这三方面的能力以及将这三者如何组合起来、完成有价值的任务的能力，下一代AI亟须更强的知识（包括暗知识）、计算、推理的组合能力，而AI与人、环境的高效协同、交互则是组合这些能力的核心：**其一，AI与人、环境的协同与交互是高价值创造的必备条件；其二，AI与人、环境的协同与交互也是提升AI的知识、计算、推理能力及组合能力的有效路径。**因此，2022年年初我在清华大学电子工程系创建协同交互智能研究中

AI并不局限于完成简单、重复的任务乃至替代蓝领的工作，为知识性、创造性劳动提供辅助才是AI真正可以体现高价值的场景。

心，研究能更好地与人、环境进行协同、交互的AI。

毋庸赘言，ChatGPT具备的对话能力已经超过了很多人的想象，但在我看来，透过它的对话框，最让人兴奋的是AI与专业人士的协同、交互能力和预训练大模型结合带来的巨大能量提升与新能力涌现。这种协同、交互能力可以极大地促进人机协同创新，助推生产力提升乃至改变行业，所以，它的意义尤为巨大。

有一种普遍的观点认为，AI善于处理简单、重复的工作，例如安防、客服、智能质检等。但我认为，AI真正的价值在于帮助人类更高效地洞察、形成知识并完成任务——这三点是有递进关系的：AI首先能够帮人更全面、更高效地去洞察，之后能够帮助人更好、更深入、更快速地去掌握知识，最后在前两者基础上帮助人更好地去完成任务。也就是说，AI并不局限于完成简单、重复的任务乃至替代蓝领的工作，为知识性、创造性劳动提供辅助才是AI真正可以体现高价值的场景。

这该如何理解呢？诺贝尔经济学奖得主丹尼尔·卡尼曼是一位行为经济学家、行为心理学家，他研究人的思考、逻辑与决策，还写过一本畅销书，叫作《思考，快与慢》，我在IBM工作时和他在纽约有过深度交流。他提出了一个重要的理论：人的大脑的思考、决策有两种模式，可以分别命名为"系统1""系统2"。"系统1"是偏向直觉的，能够很快地、无意识地进行决策，比如国际象棋大师车轮战的时候看一眼棋盘就能靠直觉落子；而"系统2"重在计算、逻辑与深入思考，例如做数学题、归纳、推导。人同时具备这两种思考、决策模式，但更容易不自觉地倾向于用"系统1"做判断，因为处理"系统2"的相关任务对人而言往往门槛更高、脑力负担更重。以往AI的发展，例如产品质检等基于模式识别的应用落地，都是在向"系统1"的方向前进——这些应用的价值相对是有天花板的，因为它们更多地属于替代蓝领人群的重复劳动，这一方向已经逐渐趋于饱和。近期ChatGPT等AI 的显著进步，则让人们更能寄望于它们在高价值场景中发挥作用，即转向“系统2”方向，更多地应对逻辑、推理等高认知负荷任务，比如辅助白领人群进行知识创新、产品创新等。同时，ChatGPT也明确了协同、交互的价值，即人通过交互更好地指导AI完成任务，并通过人与AI之间的分工合作来完成更好的协同。

知识如海而人力有穷，但AI的进化将转动知识与创新的飞轮。

可以想见，一旦AI以强大的协同、交互能力与白领工作结合，它带来的价值空间将是无限的，它可以成为知识工作者的“第二大脑”，甚至将开启一个“知识飞轮”：**AI的知识获取、逻辑归纳做得越强，越能帮助人发现新的知识，越能解放人脑，让人突破信息茧房、投入更多精力去进行颠覆和创新。**众所周知，人类的学科建设已经极细，知识积累已经极深，许多人耗尽一生都难以突破过往知识的积累、不同领域的壁垒，所谓知识如海而人力有穷，但AI的进化将转动知识与创新的飞轮，将人类从这一窘境中解放出来。

拥抱AI将是数字化企业标配

AI的进化及其有望带来的飞轮效应，在信息获取、知识发现、内容创作、产品创新、人机协同创新、生产力提升等领域的意义无疑是巨大的。那么，它对企业有什么直接的效应呢？

我们往往可以看到，一些ICT产业的企业在AI应用上的进展比较迅速，原因就在于它们往往是数字原生企业，产品、运营等维度都是数字化的，所以很容易部署AI模型，进而加以训练、产生系统、快速地测试AI模型的效果，一旦有效、好用，就能继续使用下去，从而吸引更多的用户，获得更好的数据，训练更好的模型，如此循环往复，形成一个越来越强大的飞轮，如此强者恒强，数字化、AI化就成为未来的确定趋势。这一点毫无疑问，哪怕是传统企业也无法回避，如果不去拥抱AI引领的变革，就会被未来的时代抛弃。

不过，传统企业也不用感到悲观和焦虑。很多传统企业的大量流程可能是非数字化的，有的连数据都没有；有的虽然有数据，但也是记在本子上，AI读取不到，这些对于应用AI而言都是比较难的。但是，如果传统企业的创始人、决策者能够理解数智化的价值，也能从中得到巨大的机会。**最关键的是一定要基于自己企业的情况，想清楚将什么角度作为企业的数字化切口，然后从切口中发力，提供必要的资源和支持，让数字化在切口中显现效果，获得初步价值反馈，后续应用飞轮效应，使数字化转型和AI应用的闭环越来越大。**

举个例子，如果中小企业发力数字化转型，我认为一定要把最核心的资源放在如何实现产品创新以及用户、收入的增长上。企业家的初心是创造价值，必须“以终为始”，考虑企业的产品、服务有没有满足客户和消费者的需求，有没有差异化地满足客户和消费者的需求。所以，对于企业而言，很重要的一点就是以客户、消费者为中心来推动产品创新，而AI技术正好可以加速这个流程：把客户、消费者的需求反馈到产品的设计、生产环节，推出更好的产品甚至爆品；同时，通过一些数学模型、数据驱动，进行更好的差异化定价，这样就能保证产品具有一定竞争力；产品有了竞争力，销量和用户自然就会提升，就能带来更多的收入去支撑更好的服务，通过改善售后、物流等体验吸引更多的消费者，这样就形成了一个正向的飞轮效应。衔远科技正在做的事，就是以AI为工具，帮助企业以较低的成本切入这个流程之中，以客户、消费者为中心，驱动产品设计、研发，颠覆传统产品创新模式。我相信随着市场需求日益多元化，这种以客户、消费者为中心的快速迭代、创新产品的思维方式、业务流程乃至

必须“以终为始”，考虑企业的产品、服务有没有满足客户和消费者的需求，有没有差异化地满足客户和消费者的需求。

以AI驱动的数智化系统，未来将成为越来越多的企业从行业竞争中胜出的一大法宝。

总而言之，数字化与AI的应用将是未来企业的普遍趋势，就像现在没有哪一家企业不使用互联网一样。有必要点明的是，企业使用互联网，并不代表自己要去做路由器和光纤；企业拥抱AI技术，也不意味着自己要拥有AI技术。企业的竞争优势，总是来自能否应用最新、最优秀的技术去找到合适的竞争场景，构建自己的竞争壁垒。所以，企业的创始人、决策者要思考的就是如何去尽早拥抱AI趋势，找到创造价值的场景所在，之后再去找到自己的核心盟友，也就是技术提供方，用好相应技术，就可能产生飞跃式的发展效应——从我自己的经验来看，大多数企业最合适的AI技术核心盟友是那种to B的技术服务企业，它们可以全心全意为客户企业服务，而一个掌握AI技术的平台式企业却可能转过头来与客户企业竞争；至于在自己企业里建一个AI团队，甚至跟风研发ChatGPT类型的技术、产品，除了世界排名靠前的那些巨头企业，这样做都是不现实的，也是投资回报率很低的选择。

判断与决策是人难以替代的价值

归根结底，AI技术仍然只是一种人类创造的工具，它并非万能的、可以被神化的——它在边界条件复杂的情况下还不一定做得好，技术的发展并没有那么快。人在社会中的角色是很难像科幻小说描绘的那样被AI取代的。

特别是一家企业里，企业创始人、决策者的理念、愿景、判断、决策，都是AI取代不了的：**一是企业依赖于创始人、决策者提出合适的思想和理念；二是思想和理念要融入企业的业务流程里；三是企业的业务流程还需要数字化、智能化，通过模型去获得**

企业的竞争优势，总是来自能否应用最新、最优秀的技术去找到合适的竞争场景，构建自己的竞争壁垒。

企业的创始人、决策者的理念、愿景、判断、决策，都是AI取代不了的。

反馈并形成数据飞轮。第一步、第二步都是企业创始人、决策者要干的事情，是不可取代的，第三步才是AI技术的活动空间。如果没有第一步、第二步，第三步也根本推进不了。当然，从另一个角度来说，一个没有充分的AI应用意识的企业家，如果不做第三步，早晚也会被时代淘汰。

同时，劳动者的作用其实也没那么容易被AI取代，更不应该被取代，二者应是协同、交互的关系，而非取代和被取代的关系。比如，对于零件装配这种蓝领工作任务，AI模型的鲁棒性、可迁移性总是有瓶颈的，在实际生产环境下，AI模型准确度不够的话，强行取代人力工作，反而会得不偿失，一些高价的AI机器也未必能产生规模效应、降低成本。再比如，AI站在“系统2”的角度，也是在白领工作任务中起辅助作用——一个脑力劳动者过去可能每天产生10个创意，在AI辅助下就能产生100个创意，但最终还是由人来选出一个最好的创意，只不过这个创意来源更广、更有深度了。2022年8月美国科罗拉多州举办艺术博览会，画作《太空歌剧院》（见图7）获得了数字艺术类别冠军，但事实上，这幅画是人和AI共同完成的：人给出提示词，AI工具生成底稿，又由人最后修改润色、完善局部。

图 7《太空歌剧院》

知识的创造是没有天花板的，人类也还有很多未知，我们的无知让我们甚至提不出更多的问题——就像如果我们对宇宙的认知总是局限在宇宙之内，我们就提不出来关于宇宙的认知之外的问题。我相信AI的学术价值、产业应用价值都会非常庞大且总体是正面的，尽管有时它会引起一些忧虑，但终究还是会启动人类创新发展之路上的飞轮，而不是带来一场零和游戏。

采编：王夏苇

一文读懂ChatGPT的关键问题

王强 撰稿
腾讯研究院资深专家
前沿科技研究中心主任

本文首发于2023年2月8日，其时，ChatGPT在国内舆论场引发的第一波热潮方兴未艾。在本书即将刊印之际，2023年3月15日，OpenAI发布多模态预训练大模型GPT-4，这一次，这个“世界第一款高体验、强能力的先进AI系统”展示的能力给世人带来了更多兴奋与恐惧。虽然OpenAI的产品正在飞速进化，但本文包含的诸多观点仍值得细细研读，因为属于AI的未来真的已来。

2022年11月30日，人工智能研究实验室OpenAI的全新聊天机器人模型ChatGPT横空出世，在全球范围内形成了热烈的讨论。据统计，2023年1月，平均每天约有1300万独立访客使用ChatGPT，是2022年12月的两倍多；发布短短两个月，ChatGPT累计用户便超1亿，创下了互联网最快用户破亿应用的纪录，超过了之前TikTok9个月成为破亿应用的速度。广大用户千奇百怪的问题，引发了社交媒体的大量传播，ChatGPT在各领域“秀肌肉”，也进一步强化了其知名度。

ChatGPT为什么这么强？

ChatGPT全称为Chat Generative Pre-trained Transformer，是生成式AI的一种形式，美国调查公司Gartner将其作为《2022年度重要战略技术趋势》的第一位。Gartner预测，到2025年，生成式AI将占所有生成数据的10%，但目前这个比例还不足1%。

ChatGPT背后的支撑是人工智能大模型。当前的人工智能大多是针对特定的场景应用进行训练，生成的模型难以迁移到其他应用，属于“小模型”的范畴，整个过程不仅需要大量的手工调参，还需要给机器“喂养”海量的标注数

OpenAI吸引了一大批高水平人才，在没有任何商业KPI的情况下心无旁骛地开展研发工作，最终取得了重大突破。

据，这拉低了研发效率且成本较高。大模型通常是在无标注的大数据集上采用自监督学习的方法进行训练，之后在其他场景的应用中，开发者只需要对模型进行微调，或采用少量数据进行二次训练，就可以满足新应用场景的需要。这意味着对大模型的改进可以让所有的下游小模型受益，大幅提升人工智能的适用场景和研发效率，因此大模型成为业界重点投入的方向，OpenAI、谷歌、脸书、微软以及国内的百度、阿里巴巴、腾讯、华为和智源研究院等纷纷推出超大模型，特别是OpenAI GPT 3大模型在翻译、问答、内容生成等领域表现不俗，让业界看到了达成通用人工智能的希望。当前ChatGPT的版本为GPT 3.5，是在GPT 3之上的调优，能力进一步增强。

ChatGPT使用的核心技术之一是Transformer，该技术是谷歌于2017年提出的一种采用注意力机制的深度学习模型，是近几年人工智能技术最大的亮点之一，可以按输入数据各部分重要性的不同而分配不同的权重，在精度和性能上都要优于之前流行的卷积神经网络（CNN）、循环神经网络（RNN）等模型，大幅提升了模型训练的效果，让人工智能得以在更大模型、更多数据、更强算力的基础上进一步增强能力。此外，它还具有很强的跨模态能力，不仅在自然语言理解（NLP）领域表现优异，在语音、图像方面也显示出了优异性能。

ChatGPT为什么一夜成名？

ChatGPT是一个非常成功的从技术研发到工程化，再到点燃大众热情的经典案例。

（1）技术创新。OpenAI在持续的研究中不断探索，引入新的技术路线。例如，OpenAI在模型训练里引入人类专家，专家一方面帮助ChatGPT撰写更符合人类习惯的回答，另一方面也对生成的结果进行排名，通过这样的奖励机制实现模型的微调优化。

（2）组织文化。 OpenAI自成立之初就致力于打造通用AI的能力并坚定地持续投入，这是ChatGPT成功的一大关键因素。在这样的愿景下，OpenAI吸引了一大批高水平人才，在没有任何商业KPI的情况下心无旁骛地开展研发工作，最终取得了重大突破。

（3）反馈机制。 通过用户的使用，OpenAI可以获得用户对模型优劣和使用体验的反馈，形成从模型使用到体验反馈的闭环，从而进一步优化模型。此外，OpenAI还组织专门的反馈竞赛，鼓励用户针对回答中的风险危害、新颖的回答建议等方面给予反馈，参赛者有机会赢取500美元的API（应用程序编程接口）积分，并可兑换相应奖品。

（4）项目策划。 一个影响力出圈的技术与其项目策划密不可分。ChatGPT的问答和多轮对话形式很好地激发了大众的热情和创造力，大家基于各自感兴趣的话题自由发挥，答案或幽默搞笑，或严肃认真，在社交媒体上屡屡刷屏。这种很好地与公众互动的项目设计策略，很值得我们学习，包括之前AlphaGo参与的围棋大战、Deepmind破解蛋白质折叠结构难题，都是很好的任务设置。

ChatGPT开放源代码吗？

开放源代码是多年来软件和互联网产业蓬勃发展的核心动力之一。开源可以调动全球开发者的积极性，每个人都可以下载源代码使用、优化并在社区分享。这种用全社会的力量来创新的机制，大幅加速了技术科研攻关、产业应用的进程。

不过，ChatGPT目前尚未开源，也暂无开源计划，而是以API调用的方式服务。OpenAI不“Open”，是业界很多人诟病的地方。

关于ChatGPT不开源，业界有一些专家表示认

一个影响力出圈的技术与其项目策划密不可分，ChatGPT的问答和多轮对话形式很好地激发了大众的热情和创造力。

无论人工智能如何强大，其解决的问题也只是人类面临的所有问题的很小一部分。

可，因为人工智能技术至今还是一个“黑盒”，其内部的机制尚未可知，如果代码开源，很难避免技术被用于一些不利于社会的方面。此外，OpenAI已放弃最初的非营利组织的定位，从商业化的角度考虑，也会倾向于采取整体模型闭源、开放应用接口的方式来推广，同时也会开源少部分模型，丰富开发者生态。

ChatGPT能赚钱吗？

目前普通用户使用ChatGPT是免费的。据《财富》报道，2022年OpenAI公司的收入预计不足3000万美元，净亏损5.45亿美元，随着ChatGPT的火爆，亏损可能进一步增加，因为用户的每一次使用，都会让OpenAI付出更多的计算资源和带宽成本。据悉为支持OpenAI发展，2019年微软曾向其投资10亿美元，还为其提供Azure云算力支持。

当然，OpenAI也开始了商业化尝试。2023年2月，OpenAI宣布推出付费试点订阅计划ChatGPT Plus，定价每月20美元。付费版功能包括高峰时段免排队、快速响应以及优先获得新功能和改进等。OpenAI预测，随着ChatGPT成为吸引客户的重要工具，其收入将会快速增长，预计2023年收入2亿美元，2024年收入超过10亿美元。

ChatGPT会替代搜索引擎吗？

短期来说，ChatGPT不会替代搜索引擎，但长期来看，有可能通过融合形成新型搜索引擎。

目前ChatGPT的回答质量参差不齐，它可以给出很多问题的简要答案，甚至能写一篇符合初级规划师水平的产业规划报告，但也经常“一本正经地胡说八道”，其可信度还需进一步提升。而且，ChatGPT

目前的知识库主要还是2021年9月之前的数据，缺乏新数据，也大大限制了其提供新信息的能力。除了ChatGPT，OpenAI还推出了WebGPT，它可以在网络上查找信息并提供信息来源，这能在很大程度上补充ChatGPT的实时信息源，进一步优化答案。

AI不会取代你。一个使用AI的人将取代你。

在搜索引擎的产品逻辑下，选择权属于用户，搜索引擎一般会给出众多相关结果，根据用户点击反馈来优化搜索结果。近年来，搜索引擎一直在做结果唯一化的尝试，比如直接在搜索框中提供唯一的答案选择，但目前可提供的唯一结果比较有限且无法开展多轮对话。ChatGPT的出现给搜索引擎厂商带来很大震动，也启发了打造搜索新体验的方向。

ChatGPT会拥有人类的智慧吗？

业界通常将具有一般人类智慧、可以执行人类能够执行的任何智力任务的机器智能称为通用人工智能，自从OpenAI GPT 3大模型于2020年6月推出以来，业界对通用人工智能的探讨又火热起来。微软CEO纳德拉曾表示，GPT的发展不是线性的，而是指数级变化的，所以相较GPT 3，当前的GPT 3.5已经展现出更强的能力。业界普遍预测，GPT 4将在2023年推出，并具备更强大的通用能力。

但同时，我们也需要有清晰的辨识，人工智能并非万能。无论人工智能如何强大，其解决的问题也只是人类面临的所有问题的很小一部分。现实世界中有海量的问题并不是数学问题，不可能通过计算来求解，目前人工智能已经找到解决方法的问题也只是可计算问题的一小部分（见下页图8）。

ChatGPT可能带来哪些社会问题？

ChatGPT同样也面临人工智能长期以来面临的

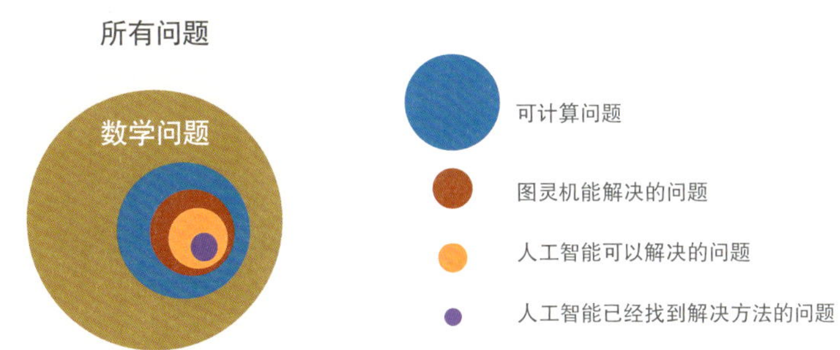

图 8　人工智能可以解决、已经找到解决方法的问题，只是所有问题中的一小部分

问题，如歧视等伦理问题，如被滥用于诈骗、欺诈、政治造谣、伪造身份等安全问题，以及知识产权问题。OpenAI此前表示考虑在ChatGPT中添加模型水印，即监测模型可以识别的特殊标记，以降低模型滥用问题。

此外，针对大众普遍担心的失业问题，ChatGPT在LinkedIn上写道："AI不会取代你。一个使用AI的人将取代你"（见图9）。

ChatGPT将带来哪些变革和机会？

图 9　ChatGPT 在 LinkedIn 上的发言

ChatGPT在自己的回答中，已展现出发展的一种典型路径，即作为人类的陪伴机器人，与人类进行有意义的聊天对话。

但更重要的是，**ChatGPT会成为未来人机交互的一个新入口，**以更为自然的对话方式让用户来使用软件和调用技能，改变现有软件、App的交互方式。例如，未来在文档编辑工作中，人们可以通过描述需求让软件直接生成文字内容，或者生成一个图形，甚至直接进行修图等工作；在编程工作方面，ChatGPT这种即时编程的方式将改变传统的工作方式和应用交互规则，推动产业进入软件3.0的新阶段。

ChatGPT未来还可以有多样化的应用前景：

ChatGPT会成为未来人机交互的一个新入口。

一是与现在火热的"数字人"结合。好看的皮囊下也需要类似ChatGPT这样的模型提供对话能力，这样的"数字人"才能具备有趣的灵魂，更好地陪伴和服务人。类似的能力也可以嵌入机器人体内，让未来的人形机器人更聪明、更像人。

二是大量开发者可以利用ChatGPT这样的底层平台，在大模型基础上根据不同行业和场景进行模型调优，创造出各类满足用户需求的丰富应用，形成对话式AI的生态。例如国外火爆的人工智能初创公司Jasper，通过在GPT3模型上的微调，可以帮助用户撰写营销文案，IBM、Airbnb、Autodesk等大企业都是其企业用户。

三是在教育、医疗、广告营销、电子商务、市场和战略咨询、企业服务、编写代码等专业服务领域，成为更专业的人类助手，不仅可以生成内容，还可以调用各种专业能力，甚至替代部分初级的专业工作。在企业服务方面，微软已经推出了由ChatGPT提供技术支持的高级Teams产品，ChatGPT可以自动帮助参会者生成会议记录，即使没有参加会议，智能回顾功能也能帮助用户生成会议记录和要点。

四是与其他模态AI工具的组合式创新。ChatGPT同文字生成图片、文字生成视频甚至未来直接生成3D模型的工具集成，可以带来UGC内容的极大丰富，成为内容工业化的核心引擎。

可以想象，ChatGPT未来与更多的AI、云计算等信息技术的集成创新，将创造改变生产力曲线的工具，成为经济发展的新动力。

摘编自腾讯研究院科普系列栏目《T-chat前沿热点问答》

编辑：王夏苇

推荐语

顺应大势 做出引领

熊焰 推荐

国富资本董事长
元宇宙与碳中和研究院院长

隆基绿能是业内知名公司，号称“中国光伏第一股”，江湖传言中隆基绿能的文化色彩和家国情怀引人入胜，而我更感兴趣的是创办隆基绿能的三位兰州大学校友李振国、李春安和钟宝申在江隆基老校长的感召下，在光伏产业三十年的腥风血雨中逆风而上，从行业小白成为光伏龙头，尤其精彩的是隆基绿能在单晶硅、金刚线等关键技术路线上特立独行的选择，当时堪称“豪赌”，给人留下非常深刻的印象。

看了秦朔采访钟宝申董事长的文章，我对隆基绿能又有了新的认识，可以说，钟董事长把企业尤其是大企业该怎么做基本想明白了，我比较欣赏的是他那句话：“作为企业来讲，改变不了外界环境，只能适应，再适当顺应大势，做出一定引领。”请注意，这里理工男的色彩就出来了，“适当”“一定”这两个限定词，很有理工男严谨的特色。

顺应什么大势？显然，第一个大势是碳中和。隆基绿能正好是在碳中和战略下，坚守在光伏这样一个极有发展前景的领域中。

光伏是碳中和领域最重要的产业之一。过去人类依靠煤炭、石油、天然气等碳基能源，这些能源都是从地下“挖出来”的，依赖于矿藏分布，天然地与地缘相关。目前中国主要能源的对外依存度比较高，这给国家能源安全带来了很大的威胁。同时，碳基能源还有一个大问题，就是排放大量二氧化碳，导致气候变暖。当然，碳基能源的成本下降空间也是有限的。

隆基绿能所从事的光伏产业，是把公平且取之不尽的阳光变成了普惠众人的清洁能源，这种能源是“造出来”的，与“挖出来”的能源最大的不同在于它的成本可以通过规模化和技术进步逐渐降低。在过去的十几年里，光伏度电成本从几元钱降到几毛钱，现在已经到了两毛钱左右，开始低于煤电的度电成本，隆基绿能等还在探索度电成本1毛钱左右的可能性。这种“造出来”的能源为中国带来了巨大的产业优势，如果沙漠都铺设光伏，农村的屋顶都铺设光伏，能源需求就完全满足了。我一直讲，碳中和战略不是谁让我们做，而是中国自己愿意做，因为比拼制造成本，谁也比不过我们。

另外，一个大的趋势应该是数字化。我看到钟董事长讲光伏产业从“制造”到“智造”，对“智造”的理解显示了理工男的严谨务实，但这种理解还停留在省人、降本、增效上，还属于工业经济的思维。

隆基绿能作为光伏产业最大的制造公司，已经登顶过市值最高点，但是，“行业增长的红利总有一天会终结”，原有的光伏制造还有多大的增长空间？隆基绿能应该寻求第二增长曲线。今天的中国正在进入数字经济时代，每个产业都将形成一两个产业互联网平台，隆基绿能会成为光伏产业的互联网平台公司吗？

著名投资银行家王世渝先生不久前写了一本书《D12：中国产业数字化解决方案》，把企业产业数字化分成12级顺次晋级的台阶，隆基绿能现在大约处在第5级或第6级台阶上。王世渝团队还以D12模式作为理论基础和方法，设计了上市公司数字化价值投资评价模型，评出了“上市公司数字化价值投资100强”，但很遗憾，隆基绿能不在2022年百强之列。

我个人建议，隆基绿能抓住光伏产业由集中向分散、由To B向To C转型的契机，真正把数字技术、数据资源作为增长的核心内在动力，全方面重构产业链和价值链，提升价值创造能力，争取让智能化、数字化和数字资产成为企业的第二增长曲线，把隆基绿能打造成全球性的万亿市值的光伏产业互联网平台企业。

隆基绿能：光伏龙头如何向阳生长？

钟宝申 对话

隆基绿能科技股份有限公司董事长

秦朔 对话

人文财经观察家

创新是生存的基本保障

秦朔：几年前钟总和我有过一面之缘，给我留下了非常深刻的印象，很高兴跟您再次交流。回顾2022年，您有哪些记忆犹新的事情可以分享？

钟宝申：纵观2022年，全球很不平静，俄乌冲突、美联储加息……这些热点关系到经济的方方面面，也关系到了企业和个人。2022年全球光伏产业保持了超过50%的增长，是全球经济难得保持高速增长的产业之一，我们很幸运参与其中，具体来说，2022年光伏行业最突出的变化有两点。

第一，光伏行业得到飞速增长。行业内外对光伏的发展都充满信心，同时，业内企业扩产规模都很大。我相信今天靠行业增长带来的机遇，也会成为明天增长速度降下来之后的风险。

第二，行业技术变革在加速。光伏成为全球关注的热点，参与的资本、人力都非常多，任何一个小小的技术点就会吸引大量资本以最快的速度助推，这加快了行业技术革新和技术升级的速度。所以，过去行业内的一些产能，如果技术不够先进、升级空间不够，可能就面临着很快被市场淘汰的风险。所以，对于行业参与者来讲，实现可持续的增长并不是一件轻松的事情。

秦朔：光伏行业在高增长的同时有白热化的倾向，想继续做技术创新的领头羊的话，挑战其实是在增大的。那么，持续不断的创新是不是可以理解为隆基的生命线？技术创新对隆基意味着什么？

钟宝申：创新是隆基生存的基本保障，没有技术创新就没有隆基。

很早以前就有人讲，"人无我有、人有我优"，听起来很通俗，其实道出了商业世界的本质。如果大家做的是非常相近甚至完全一样的产品，那么一定是没有什么发展的，所以我们一直把创新作为生存的保障，在这方面的投入是一直持续的，一直要求给客户提供更好的产品和方案、提供差异化的服务。

今天靠行业增长带来的机遇，也会成为明天增长速度降下来之后的风险。

秦朔：我这几年调研了很多数字化转型企业，这似乎是中国大企业的共同方向。我甚至觉得，上一代人用工厂改变了中国，新一代中国企业家可能正在用数字化工具等新方法、现代的东西赋能工厂，重塑中国制造。让光伏产业从"制造"到"智造"，隆基做了哪些事情？

钟宝申：您总结得很好，中国正在从"制造"转向"智造"，而且进步的速度非常快，这是中国企业应该引以为傲的。

一方面，智能化使信息搜集更快、更真实，传递距离更短。通过数字化的手段，不管是客户的需求还是技术的本质，都能快速传递到决策者案头，决策的效率就会高很多，不会有太多误判。

另一方面，过去人们做了很多单调、简单判断的工作，现在可以用数字化、智能化手段让机器进行分析甚至做出部分决策，这可能比人的经验更加准确可靠、一致性更高，而且机器也能通过数据来学习，让判断水平越来越高。由传统的制造转为智能化制造，最重要的方向就是解放人，让解决问题、能力迭代的速度越来越快，这确实是制造业重要的未来发展方向，会让整个社会在物质丰富、廉价的方面走得更快。

秦朔：对隆基而言，可能很多不确定性蕴含机会，但对于更多的企业来讲，不确定性意味着风险。经过这些年的决策和实践，您认为怎么在不确定性中找到确定性？

钟宝申：我特别赞同前一阵子任正非先生讲的，"用干部队伍激活的确定性，应对环境与商业变化的不确定性"。作为企业来讲，改变不了外界环境，只能适应，再适当顺应大势，做出一定的引领。在这样的现实下，如果要给做企业的朋友们提一点建议，我认为有两点。

第一，要做好市场洞察。一定要勤做、经常做，自己大概知道未来有多少条路、多少方向可以选择。

第二，加强组织内功、了解形势，围绕商业判断扎扎实实地、持续地去做一些事情。我相信这样会把风险降到最低。

秦朔：外部不确定性越来越大，企业就需要跟政府、供应商、利益相关方有更灵活的响应和更密切的协同，这对企业的决策能力是不是提出了更高的要求？

钟宝申：是的，大家要有更加长远的眼光，同时也要站在不同的视角看问题。既要坚持市场化的路线，更要看双方长远的合作关系以及给双方带来的好处。

我们会把利益、观点充分地跟政府、供应链伙伴、利益相关方等进行深入的交流，有一些内容还需要反复沟通，让大家在现实利益、未来风险之间找到最佳方案。

坚持长期主义，做时间的朋友

秦朔：隆基今天取得强劲的发展，是什么样的力量推动隆基不断前行的？

钟宝申：这和隆基一贯坚持的长期主义相关。选择一件正确的事情，也许做起来会很难，需要很久才能看到成果，要能够坚守，最后证明这件事做的是对的，我认为这就是长期主义。

要坚持长期主义并不容易。**一方面要坚信长期**

作为企业来讲，改变不了外界环境，只能适应，再适当顺应大势，做出一定的引领。

主义价值理念，另一方面要有稳健的经营手段，保证践行长期主义有物质保障，能够最终得到落实。隆基一直把稳健、可靠当成自己的生命，这既体现在我们对产品的守护上，也体现在企业经营理念、方针中。我们一直坚持几个原则：一是“不领先、不扩产”；二是持续地投入创新，让企业一直拿得出新方案、新产品；三是不断地把新产品大量、快速投向市场。

秦朔：英国的《柯林斯词典》编撰机构发布2022年年度词汇“Permacrisis”（长期危机），将“长期危机”定义为与气候变化、战争等多方面有关的“长期的不稳定和不安全”。隆基乃至光伏产业是怎么评估和应对“长期危机”的？

钟宝申：“长期危机”把气候变化作为一个重要的全球性危机管理方向，各国已经行动起来，民众也普遍认识到了气候变化对生活以及后代的影响。隆基很幸运可以应用光伏科技帮助世界对抗气候变化和碳排放危机。在这个方向上，我们还需要更加努力，让大家减少这方面的顾虑。

秦朔：气候变化其实为光伏产业发展带来了机会。您觉得，隆基如果要达到最理想状态，估计还要多少年？

钟宝申：人们对新能源的认识越来越深刻，对光伏发电的成本、特点的认识越来越清晰。过去世界上的能源利用依赖资源分布和开采，造成能源成本高企等很多问题，光伏能够把阳光变成惠及每一个人的能源，真正改变生活、生态，改变很多制造方式和制造模式。所以我认为，光伏产业还在快车道上，至少隆基在接下来的10年还大有可为，创新点还非常多。

企业心里要装着周期，不然遇到周期的时候会手忙脚乱。

秦朔：过去隆基在二级市场上被称为“光伏茅”，但2022年也出现了波动。有人说最好选择那些“做时间的朋友”的公司，从长期持有的角度来看，这样的公司是有

有些事是短期的、机会的，有些事从长期来看会持续体现价值。

价值的，当然，在资本市场上没有任何人可以做到精确预测。您认为隆基是不是“时间的朋友”？

钟宝申：隆基的目标就是“做时间的朋友”，能不能做到取决于公司从决策层到员工共同的努力。我们需要通过时间的积累，拥有更好的产品、更强的服务能力，给客户带来更大的价值，进而使股东有回报。这是企业的使命，是我们一直坚持的事情。

秦朔：“做时间的朋友”要能够穿越周期。对于企业来说，抵御周期的波动是一个非常大的挑战。隆基在这方面有什么心得？

钟宝申：企业心里要装着周期，不然遇到周期的时候会手忙脚乱。一定要把行业增长带来的机遇看清楚，有些增长可能不是能力换来的，只是选对了行业、在某个时候投入对了。经营穿越周期、经历九死一生、真正有功底和竞争力的公司，才可以算作优秀。

我们一定要认识到，行业增长的红利总有一天会终结，这时就要通过内生的增长，给企业找到可持续增长之路。我认为，当心里装有周期的时候，周期基本上就不存在了，或者说影响就降到最低了。以光伏为例，它经过之前几年的增长，到了一个新阶段，新阶段会发生一些新变化，这些变化可以理解为是某种周期的体现。

秦朔：您说过一句话，“隆基要成为关注客户需求的长期主义者”，把长期主义跟客户联系在一起。您对此有哪些思考？

钟宝申：在我们心目中，每一个产品都要稳健、可靠，要真正站在客户资产安全的角度来看，而不是这个产品现在看上去多光亮。2022年我们所有新产品都通过了自己设计的一套安全认证和质量认证标准，这套标准远超行业采用的公共认证标准，我们认为公共认证标准只在某一个侧面保证产品安全，还不够全面，还存在一些风险，还有很多没有顾及的地方。

秦朔：也就是说，要做长期主义者，必须超越一般的标准，设定更高的标准，给客户的价值才能够长远。您还经常提到一个概念，叫作“第一性原理”。隆基运用“第一性原理”做过哪些正确的事？

钟宝申：“第一性原理”就是从本质上看问题。有些事是短期的、机会的，有些事从长期来看会持续体现价值。隆基在发展过程中一直追求从本质上看问题，持之以恒做事，一直在思考未来靠什么竞争、能为客户带来什么。

当年隆基坚持做单晶硅片，就是从本质出发的典型案例。我们认为：第一，硅的成本便宜，跟薄膜光伏相比，硅一定会赢；第二，太阳能电池发展出路一定关乎效率，只有转换效率高了，才能把其他成本摊薄。隆基当时从本质出发，抗拒很多诱惑，坚持做单晶硅片。同样，我们选择用金刚线切割硅片，也是一样的逻辑。这种技术效率高，对环境友好，没有任何污染排放，我们从基本原理上分析，认为这一定是未来的方向，坚持推广这一技术。

很多事情都是这样的，机会和本质有时并不一致，只有达成一致时，才有真正值得坚守的价值，不然只是昙花一现而已。

机会和本质有时并不一致，只有达成一致时，才有真正值得坚守的价值，不然只是昙花一现而已。

什么样的企业文化促进可持续发展？

秦朔：隆基是一家非常注重价值观，可以说是价值观驱动的公司。为什么隆基对于价值观如此重视？

钟宝申：一家企业想长期生存，就要对社会有充足的善意，这样才会得到可持续的支持。所以隆基开展业务、制定行为准则的时候，会把善意作为公司最重要的一个理念支撑，也要求善意能够真正进入每个人的内心。

秦朔：一个有强烈价值观主张并希望价值观落实到每个员工身上的公司，要抗拒很多的诱惑，或者有很多东西是不去做的——可能商业世界里有一些很流俗的东西，大家都这样做，但这样的公司就不去做。隆基有没有这样的不做、不为的清单？

钟宝申：这个方面，我们的立场是非常清晰的。

举个例子：我们的合作方愿意给某个项目提供很多支持，我要求团队一定跟对方谈清楚：为什么给我们这个支持？究竟要得到什么？我们跟所有人的合作，都一定让对方把诉求说清楚，进行清晰的评估，对所有的合作都有这样的要求。

秦朔：我相信很多人很希望加入隆基，但是这么一个大公司会不会也会有大公司病，或者说很多人的意见、想法、建议，您作为董事长可能是听不到的？隆基有什么样的方法来保证信息在内部流动，能够像一个创业公司一样彼此听得到、看得见？

钟宝申：公司大了之后，多多少少会出现一些信息传递不充分、传递流程变长的情况。我们不追求每个人的声音都被董事长听见，而是追求每个人的声音在组织里面能够被相应的组织听见、采纳，个人能力能够得到认可和正确的评估。隆基致力于创立高度透明、自由发言的企业文化，这是我们一直倡导的。

秦朔：作为企业的董事长，您认为组织建设中最重要的要素有哪些？

钟宝申：整体工作氛围的建设，或者说内部工作文化的建设，我认为这是组织建设里面最核心的。当然，工作文化的建设要立足于企业自己的经营哲学。把“究竟要建立一个什么样的工作文化”放在最核心的位置，围绕着“我要建立一个什么样的工作文化”来建设组织，这个时候你就会有非常清晰的指导思想。

一家企业想长期生存，就要对社会有充足的善意，这样才会得到可持续的支持。

秦朔：我看过隆基的ESG报告，做得非常规范，用的都是国际上非常严格的标准，给人的感觉不是简单拿出一个报告当作对社会的交代，而是认认真真地推进ESG。您怎么看待ESG和可持续发展？

钟宝申：ESG这个词和隆基倡导的经营哲学是完全一致的，因为我们讲究以善意经济学为蓝本，做好环境、社会和公司治理方面的工作。所以在有了ESG这个概念的时候，我们就积极地按照国际上倡导的标准来对照自己，系统、全面地看待公司在ESG方面的表现。我们觉得ESG是一个非常好的工具，可以驱动企业更好地、可持续地获得发展支撑。如果ESG这个方向做得不好，企业的可持续发展一定会受到影响。

秦朔：隆基是一个比较国际化的公司，为全世界很多地方提供产品和服务。隆基有了践行ESG的习惯，是不是会觉得更容易融入国外的商业环境？

钟宝申：从目前海外建厂和海外子公司的发展来看，整体上是比较融洽的，但是我觉得我们做得还不够，尤其和当地政府、客户的沟通还不够，我们过去没有把自己在ESG方面的工作作为公司亮点来与客户沟通、获得客户信任。所以，我们内部没有问题，在海外的合作也没有问题，但是我们没有成为当地的ESG典范和学习标杆，没有成为客户心目中的ESG明星，我们在总结、归纳这些方面的不足，接下来希望积极改变做法，把我们已经在做的东西拿出来，让大家看见。

追求每个人的声音在组织里面能够被相应的组织听见、采纳，个人能力能够得到正确的评估和认可。

秦朔：目前中国公司在全球开展业务，可能思路更多地还是围绕着商业，没有让ESG方面的软实力更好地得到外界的认可。我觉得这方面确实可以进一步改善，隆基这样的做法，可能对于中国公司的整体形象都有一些助益。

只要相信向前的趋势，保持对美好生活的追求，机会就永远存在。

如何保持乐观的英雄主义？

秦朔：中央提出2023年国家经济主基调还是“稳字当头、稳中求进”。如果选择3个类似“稳中求进”的关键词来看待2023年的隆基，您会怎么表达？

钟宝申：一是持续创新。我们在2023年对创新提出了更高的要求，不仅聚焦于产品、技术，还要聚焦于服务，让我们和客户的链接变得更加友好。

二是聚焦客户。2022年隆基发布了全新一代光伏组件产品Hi-MO 6，在场景融合、效率提升以及可靠性方面都达到了新高度，是真正以客户为中心的产品，是为客户的场景提供服务，2023年我们的要求是大刀阔斧，让更多人走近客户。

三是满意度。所有的一切都要为提升客户满意度而服务。

秦朔：中央也提出“大力提振市场信心”，但信心不是虚无缥缈的，一定是基于某些判断而来的。您认为觉得我们应该从哪里寻找信心，来保持乐观的英雄主义精神？

钟宝申：我们要相信，经过40多年的改革开放，中国的政治、经济、社会，人们的生活水平都在向前发展，一定要相信这个趋势是不变的。只要相信向前的趋势，保持对美好生活的追求，机会就永远存在。

秦朔：党的二十大报告里面提到弘扬企业家精神，我们第一次见面也是在评选2016年“中国十大经济年度人物”时，那时您也当选了。隆基作为光伏行业的优秀代表，我相信它的成功是全员的努力，但也是企业家精神的成功。您怎么定义企业家精神，怎样继续保持这样的精神来带动隆基发展？

钟宝申：企业家精神最重要的是探索、担当、责任。在刚开始创业的时候，企业家精神更多体现为一种探索精神、创新精神；当企业有了一定规模，企业家除了要有持续的探索精神，还要有担当和责任的认知。企业家不仅要有个人物质财富的追求，更重要的是用担当和责任驱动自己去探索，取得更大的成功。

秦朔：您多次表达了对于中国光伏产业未来的信心，这确实是我国在推动“双碳”战略中的主旋律。作为行业领头羊，隆基的作为很大程度上会影响行业发展的结构、节奏、竞争强度等。您对整个行业的发展有什么建言？

钟宝申：对产业我是乐观的，但是，从今天开始，光伏行业其实已经进入了新一轮淘汰赛。我希望广大同人能够认识到行业发展不都是一帆风顺的，同时，每一个参与光伏行业的企业都要意识到这个行业对社会、对客户的责任，不要为了短期利益忽视对客户的长期责任，不要为了短期的利益扩大未来的风险。大家要尽到对产品质量、对客户的责任，在这样的前提下充分竞争，寻求自己的生存之道。

摘编自“穿越周期，向阳生长”隆基绿能2022年终对话

编辑：王夏苇

被创始人“捐给地球”的Patagonia，有何不一样？

朱岩梅　撰稿
华大基因集团执行董事、
执行副总裁

曾维刚　批注
Patagonia 中国大陆区负责人

据联合国发布的报告《世界人口展望2022》，世界人口在2022年11月15日达到80亿，联合国秘书长古特雷斯表示，这是人类思考对地球负起共同责任的时刻。这就不得不提一家公司——Patagonia（巴塔哥尼亚）。1973年Patagonia成立时，世界人口为40亿；半个世纪后，人口整整翻了一番。2022年9月15日，Patagonia创始人Yvon Chouinard（伊冯·乔伊纳德）在公开信《地球现在是我们唯一的股东》里宣布，将市值30亿美元的公司所有权全部捐出。

除此之外，TED有一期播客提及Patagonia时也令我惊讶，让我提笔写下此文——被誉为“美国最成功的印度裔女性”的百事可乐前董事长兼首席执行官Indra Nooyi接受播客采访，主持人问她：“你最喜欢哪家公司的文化？”我以为答案会是Netflix、Google这些互联网弄潮儿，毕竟乔布斯挖走百事可乐前副总裁只用了一句“你想卖一辈子糖水，还是想改变世界？”然而，Indra Nooyi毫不犹豫地答道：“Patagonia。”

我之所以惊讶，是因为Patagonia创始人Yvon在其《冲浪板上的公司》一书中明文嘲讽可乐大战[1]：“跟那些在可乐战争中大吹大擂的人不同，我们添加的是真正的价值。”他还写道：“当我死了下地狱的时候，魔鬼一定会任命我为一家可乐公司的市场总监。我要负责的是兜售没人需要、与竞争产品雷同、本身价值无法成为卖点的产品。我只能直面这场可乐战争，在价格、分销、广告和促销上进行竞

① 可口可乐和百事可乐业界老大之争，被戏称为“可乐大战”。

争。对我而言，这是一个名副其实的地狱。”

这很不符合商业常规。一般商业公司是不会去负评其他企业的，不仅是同行，其他行业的恶行也与己无关。生意人只管做好自己的事，赚自己的钱，负评其他企业，尤其是比自己影响力、财力都强大得多的企业，毫无益处，不符合商人的原则，还可能招致大麻烦。出于保护自己和企业也好，或者显得自己有修养也好，最好的策略都是闭口不言。Yvon敢于在个人著作中直接嘲讽可乐大战，却得到嘲讽对象如此高的评价，这让我既对Indra Nooyi多了一分敬意，也对Yvon这个人充满好奇，更对Patagonia的影响力有了新的认识。

我强烈推荐《冲浪板上的公司》一书。这远不止是一本宣传企业创业史和文化的书，它更让人重新思考地球和我们应该付出却远远不够的努力，还启发我们思考究竟该如何确立并践行企业的经营哲学和价值观，并使之成为一种实实在在的企业文化。

《冲浪板上的公司》
[美] 伊冯·乔伊纳德（Yvon Chouinard）著

浙江人民出版社
2017年3月

不走寻常路的创始人Yvon

一家企业的文化，绕不开创始人。了解Patagonia的文化，也离不开Yvon。

创业从保护环境开始

Yvon绝对是个敢于打破传统、不走寻常路的人，酷劲儿并不亚于Elon Musk。不同于后者的是，Yvon异常低调，却让Patagonia成为世界最酷、最令人向往的品牌之一。《冲浪板上的公司》一书的英文书名是*Let my people go surfing*（让我的员工去冲浪），而不是必须回办公室工作。

Yvon生于1938年的加拿大，20世纪50年代随家庭移居到美国的约塞米蒂（Yosemite）。当时的攀岩运动依靠打岩钉作保护点，而纯铁造的岩钉硬度太低，打进岩壁就很难回收。Yvon为省钱和养活自己，买了一套二手锻铁工具在自家后院打造岩钉，并成功改良出合金岩钉。他的合金岩钉经久耐用，令攀岩者对长距离路线的探索信心大增，一下大受欢迎。1958年，Yvon正式成立Chouinard Equipment（乔伊纳德装备），即现今Patagonia和Black Diamond（黑钻）的前身，后者生产头灯、登山杖、攀岩装备。之后，他带领公司先后发明、改良了很多攀登器材。

20世纪70年代，越来越多的人加入攀岩运动，岩壁上留下的岩钉越来越多，严重破坏岩缝，Yvon毅然停止生产公司销量最高的岩钉，并和搭档一起宣扬Cleaning Climbing（洁净攀登）的攀岩理念，提倡不使用永久性的锚点和岩钉，令攀登环境更干净、环保。为此，他们开始生产可回收的六角形岩楔和俗称Nut的岩塞，这些产品如今仍很常用。

最不情愿的商人

Yvon乐于用很多身份形容自己：攀岩者、冲浪者、皮划艇和滑雪爱好者、铁匠、环保主义者、“1%地球税”发起人、计划生育支持者……却最不愿承认自己是商人。在《冲浪板上的公司》一书中，他自称是“一个不情愿的商人”（a reluctant businessman）。对他来说，承认自己是商人就像要某些人承认自己是酒鬼一样困难。他从没有看重过商人这份职业，并认为需要为敌对自然、破坏本土文化、劫贫济富、以工厂污水毒害地球等行径承担大部分责任的正是商业活动。

要想存续百年，就需要以存续百年为前提进行所有决策，并且以百年可持续的速度发展。

Patagonia不得不以企业的方式运营，如此才能开展提供产品、拯救地球的工作。在企业运营中，Yvon坚持要按着自己的规则来行动。他并非刻意与墨守成规、压抑创造力的传统企业文化决裂，只是努力坚守自己的理念。

棱角鲜明又为人低调

Yvon是个冰火两重天的人。

一方面，对于反对的事物，他毫不掩饰自己的犀利；看到戕害环境的问题发生，他绝不会事不关己高高挂起，而是像侠客一样出手相助。看Yvon批评不正之风，真是非常过瘾。比如批评过度的商业登山，他在书中写道：

每个人，无论是处于企业内部还是外部，都能对企业的健康运转、对产品的完善和产品的价值做出巨大的贡献。

登山是另一个可以对企业和生命有所启示的例子。如何爬山要比到达山顶重要得多，许多人都不明白这一点。你可以不用氧气，单刀赴会地去爬珠穆朗玛峰。你也可以付钱请向导和夏尔巴人来帮你背行李，在裂缝前架梯子，铺放近2000米长的固定绳索，让一个夏尔巴人在上面拉，另一个在后面推你，你只需要把你的氧气瓶拨到"3000米"就可以上山了。试图用第二种方式去爬珠穆朗玛峰的CEO们太过执着于目标，于是他们在过程上做出了妥协。攀登危险高山的目的应该是得到某种精神成长和个人成长，然而，如果你将整个过程都妥协出去，那就没法得到这样的成长了。

这段话读得我汗颜于自己曾自诩"因无氧登顶海拔7546米的慕士塔格峰而获得国家一级运动员称号"。虽然自己确实是不吸氧、一步一步登上去的，但有夏尔巴人一对一的照顾和负重，途中帐篷、饮食全是现成的，下山时还因体力不支、时间太赶被搀扶、拖拽过一截。还是虚荣心、好胜心作怪啊。

Yvon也批评官僚政府、大型组织的无效和逐利企业的丑态，揶揄那些教条化的MBA教育。在《冲浪板上的公司》一书中，还有多处呼吁炸掉阻碍鱼类洄游的水坝的内容。Patagonia为此常常资助小型团体、行动主义者，并达成了目标。

另一方面，Yvon永远不是聚会中的明星，在公司开party时，他总是一个安静地端着一杯啤酒的角色。他的低调也许是天生的，也可能是一生坚持户外探险运动烙在他骨子里——大自然这本“书”，对他而言胜过许多图书馆。他态度鲜明地表示：Patagonia的最佳工作方式是合作，企业文化鼓励团队合作者，不太能包容想成为焦点的人。

读Yvon写的文字，就知他是有大智慧的人。

Patagonia的经营哲学

倡导公司应负“无限责任”

Yvon提倡企业或者有限责任公司应对所作所为及其产生的外部影响负有“无限责任”，Patagonia的所有决策都应基于环境危机的大背景。Yvon告诫人们将视线从商界移开，向易洛魁人（北美洲印第安人的一支）看齐，他们才是管理和可持续生活的典范——易洛魁人有个“七代计划”，他们会在决策过程中选出一个人代表他们未来的第七代子孙，所有的决策都要以不伤害第七代为前提。同理，企业要想存续百年，就需要以存续百年为前提进行所有决策，并且以百年可持续的速度发展。

东方的管理智慧讲究“道、法、术、器、势”，所谓“道以明向，法以立本，术以立策，器以成事，势以立人”。道就是核心思想、理念、本质规律，决定着终极高度；法，就是制度、法理、方法论，是连接和桥梁。某种意义上，华为的成功是“法”层面的，《华为基本法》就是一部优秀的、具体的“法”，而Patagonia的经营哲学则更接近于“道”。

曾维刚 批注①：

中国传统哲学有着完备的治理体系及相关理论，与西方主流管理学相比，这个体系更加注重系统内部各利益相关方之间的平衡。Yvon 本人是东方哲学的狂热爱好者，在 Patagonia的产品和出版物上时而会出现浮世绘等东方元素。

如今，越来越多的西方企业家和学者开始反思西方主流管理学的弊病，探讨经济发展和环境破坏是否必然是零和游戏，审视一味追求利润最大化的跨国企业是否与其初衷背道而驰。国内的企业家和学者也应该更多地在“道”和“法”上下功夫，而不是一味追逐“下一个风口”。我们追求的不应该仅仅是发展，而是高质量的发展。

劝顾客“少买多想”

Patagonia的消费观是“Buy less, demand more”（少买点，多想想）。虽然它是一家商业公司，商业愿景却是“We’re in business to save our home planet”

（我们经商是为了拯救地球家园）”。“取之于地球，归还于地球”在Patagonia绝对不是口号，而是行事最重要的准则。

Patagonia提供衣物的终身修补服务，卖出的衣物破损了，会帮顾客修补，不能穿了，他们还会回收，然后加工循环再利用，以减少浪费资源。而且，他们并未表示这是多么高尚的、对顾客友好的行为，而是说这是在“纠正自己的行为”。不止于此，Patagonia还追踪所有产品原料和供应链对环境的影响，有一次他们的供应链上出现了残忍拔鹅毛的事件，由于未能及时找到新的鹅毛来源，那几年里，Patagonia宁可停产羽绒服。

对比之下，一些时髦的电子产品动不动就升级换代，旧款产品零部件断供，迫使客户购入新款产品。是不是应该汗颜？

产品哲学：做最好的产品，杜绝不必要的伤害

做最好的产品是Patagonia存在的意义和理由。Patagonia是一家产品驱动型企业，对产品品质投入最多的关注。所谓品质，指的是耐用性、最小限度地使用自然资源（包括材料、原始能源和运输）、多功能性、不易过时以及绝对胜任用途的实用之美。Patagonia不会追赶稍纵即逝的市场潮流。

为了定义什么是“最好”，Patagonia专门做了一个产品设计标准清单，上面的问题包括：谁需要它？有必要买吗？它耐用吗？它能修吗？它合身吗？它简单吗？产品线简单吗？是创新还是发明？它是全球性的吗？它容易保养吗？它有增值服务吗？它值得信赖吗？它有美感吗？我们只是在跟风吗？我们在为核心顾客设计吗？它会造成不必要的伤害吗？它是有机棉吗？每个方面都考虑到了吗？染料有毒吗？……这些问题是每个Patagonia设计师必须考虑的问题，据此判断产品是否达到“最好”的标准。

在做决策时需要考虑到总体利益。

当把其他所有事情都做对了，自然就会有利润产生。

对企业来说，最困难的事之一就是调查成功的产品对环境造成的影响，如果影响恶劣，就要修改产品或者下架。20世纪70年代，Patagonia的岩钉就是因此停产下架的——当时Yvon在攀登酋长岩，他看到岩钉留下的痕迹而感到不适，当即决定停止生产这个当时最核心、最畅销的产品。相比之下，一些快时尚行业的公司，一些竞相“发明”购物节的巨头，一些刺激消费的网络直播，真的需要像Patagonia这样思考了。

生产哲学：建立完美的共生系统

Patagonia从未拥有过面料工厂和缝纫车间，这意味着需要和供应商、承包商建立长期合作关系，而建立长期合作关系甚至依赖关系是需要信任基础的。Patagonia花了很多精力和时间，慎重地寻找合适的供应商伙伴，相互承诺和付出，最终，Patagonia和供应商、承包商的关系就如同是企业内的各部门一样紧密，成为朋友、家人、互利的生意伙伴。

实际上，Patagonia已经不是一家企业，而是一个生态系统，合作伙伴、顾客都是系统的有机组成部分。系统中任何一处出现问题，最终会影响整体，这要求每个人责无旁贷地对系统的健康承担起责任。每个人，无论是处于企业内部还是外部，都能对企业的健康运转、对产品的完善和产品的价值做出巨大的贡献。

Patagonia的董事会和管理层还意识到，成功的社群也是可持续环境的组成部分。他们将自己视为社群必不可少的一部分，这些社群包括员工、顾客、供应商以及生活在其中的社区。他们意识到，要对所有关系负起责任，在做决策时需要考虑到总体利益。

销售哲学：“销售公司”与销售产品同等重要

邮购是Patagonia的非正式“喉舌”。Patagonia邮

购的第一原则是："销售公司和公司哲学"与销售产品同等重要。除了邮购，电商可以让产品快速抵达顾客手中，零售是产品和创意的展示厅，批发则可将产品线做出深度。每一种销售方式对Patagonia维系客户关系都是必要的。

很少有企业能自信地说精通这四种销售方式，但倘若真的掌握了这四种方式，综合销售效果会非常惊人。

品牌哲学：企业价值观的外化

Patagonia的品牌形象直接源于其在户外领域的追求以及创始人和员工的热情，品牌形象的核心与企业要成为制造世界最好的攀登工具的铁匠铺这一出发点密不可分。在铁匠铺里工作的是一群思想自由、独立的攀登者，他们的信仰、态度和价值观构成了Patagonia企业文化的基础，企业的品牌形象就是从这种文化中发展而来的——产品是真实、硬朗、高品质的，生产者也是使用者。

Patagonia的品牌形象是一种人类之声，它表达了人们的喜悦之情——人们热爱世界，对信仰热忱并想影响未来。这一品牌形象未经修饰、追求本真，也不会在人性上有所妥协，它体现着Patagonia的价值观——赢得信誉，而非买到信誉。Patagonia看重的是朋友之间口口相传的真实故事或者媒体上真实的正面评价，而非产品穿在模特身上；广告只是他们最后的手段，且通常只刊登在专业体育杂志上。

有的企业总是乐于制作低俗、抢夺眼球的广告，其带来的结果之一就是把聪明的顾客吓走。Patagonia则是以顾客聪明为决策前提：顾客出门并不是去"购买生活"；他们想要深化、简化自己的生活，而不是荒废生活；他们受够了成为咄咄逼人的广告的目标，或者对广告无动于衷。

所以Patagonia的广告文案总站在顾客的立场

曾维刚 批注②：

Patagonia始终把自己定位为一个小众品牌，我们的产品和活动只为我们的社群（即户外运动和环保人群）服务，我们也尽量请这样的人来加入我们的团队。

在中国市场，我们从来不做广告，因为那样做是服务不到我们的社群的。我们的市场预算完全用于社群活动，即发展户外运动和环境保护相关的项目上。相比国际水平，中国的户外运动参与比例还非常低，环保组织的保有量也远远低于国际平均水平。我们的宗旨就是持续、不间断地推动这些社群的发展，让更多的人参与到户外运动中，感受大自然的魅力，进而去保护环境。

上，不会发表迎合最低标准公众口味的意见；商品目录上常会刊登讲述野外真实经历的小文章。在Patagonia中国的微信公众号上，可以领略他们的文案风采。值得一提的是，从最初的广告开始，Patagonia一直在积极倡导男女平等，在展示攀登画面时会让女性处于领先位置，而不是跟随。

财务哲学：企业的宗旨与盈利无关

企业到底对谁负责，顾客、股东还是员工？Patagonia认为，答案不是以上任何一种，从根本上说，企业对资源基础负有责任。没有健康的环境，就没有顾客、股东、员工，更没有企业。

在Patagonia的使命陈述中丝毫没有提到盈利。实际上，Yvon对企业优秀与否的评判标准是经年累月做了多少善举。然而，一家企业需要盈利才能继续经营，才能继续完成其他目标。利润也是一张“信任票”，是顾客对企业作为的认可。对此，Patagonia的选择是追求利润，但不以盈利为首要目标，增长和扩张并不在企业的基本目标之列。他们相信，当把其他所有事情都做对了，自然就会有利润产生。

在Yvon的公开信《地球现在是我们唯一的股东》中，有一句话非常动人：

> 我们不会选择让企业“going public”（上市），我们选择了另一条路“going purpose”（使命至上）。我们不会从大自然中榨取资源，再把它转化为投资者的财富。我们选择用Patagonia来创造财富，来保护所有财富的来源。

他们不想要只懂得服从命令的工蜂，而想要能对自己认为的坏决策提出质疑的人。

人力哲学：让员工去冲浪

Yvon认为，懂得生活艺术的大师，不会让工作和玩乐泾渭分明。劳作和闲暇、教育和娱乐，本来就很难区分。由此，Patagonia的人力政策是始终允许员工拥有弹性工作时间。以完成工作为前提，员工可以自由地在工作时间冲浪、跑步或进行其他感兴趣的运动。

Patagonia的招聘方针是，雇用那些与企业拥有共同的根本价值观，同时呈现出文化和种族多样性的员工。他们更倾向雇用那些待在营地、河边比待在办公室感觉更自在的户外人士。他们更愿意在四海为家的攀岩者身上冒险，而非尝试雇用普通的MBA毕业生，因为他们认为教一个地道的生意人去攀岩、漂流要比教一个对户外运动充满热情的人如何工作更困难。他们倾向于雇用不同背景的人，因为这些人可能有更灵活的思维和愿意尝试新方法的开放心态，而商学院培养出来的标准人才学到的经商方法往往千篇一律。

Patagonia还为员工提供儿童保育中心，员工可以去陪自己的孩子睡午觉。他们甚至推动关于产假的联邦法律的制定。以Google为代表的轻松企业文化为世人所熟识，而Patagonia早已是这方面的先锋。

曾维刚 批注③：

我为Patagonia服务已经有16个年头，这没什么特别的，在公司做了二三十年的员工比比皆是，这一点和高度商业化的美国社会大相径庭。

若干年前，当我还是个新人时，欧洲分公司经理Holger因病去世，总裁Casey在葬礼上致悼词："Holger是Patagonia文化的最好体现，因为对他来说，工作和爱好是无法区分的一个整体。"这段话对我触动很大，之后我慢慢理解了为什么很多同事在公司服务多年还能保持很好的状态，因为他们能够把工作和爱好融为一体，成为 Patagonia 大家庭的一员。一个家庭的成员不会"跳槽"去别的家庭，融入Patagonia的员工，也会将自己的职业和爱好统一起来，成为企业文化与发展的利益相关方（stakeholder），而不是把自己当成为企业利润服务的职业经理人。

我们员工的价值观和品牌的价值观是一致的；我们热爱的户外运动和自然环境也是公司一贯致力于推广和保护的。为Patagonia工作，是我们生活方式的一部分。

管理哲学：不想要只懂服从命令的工蜂

Patagonia是家族企业，但主要靠信任运营，而不是靠权力统治。他们不想要只懂得服从命令的工蜂，而想要能对自己认为的坏决策提出质疑的人。这种人一旦信服某个决策，一旦对工作产生信念，就会为了最高品质的产出而拼命工作，无论产品是一件衣服、一份商品目录还是一次产品展示。

让这些极具个人意识的人协作起来，为一项共同的事业而工作，这就是Patagonia管理哲学的核心所在。

环境哲学：不做房间里的大象[1]

Yvon总结的环境哲学包含下列要素：

（1）过有检视的生活；

（2）端正自身行为；

① Elephant in the room，即房间里的大象，意思是非常显而易见却一直被忽略的问题。

在追求财富和创新的路上，企业的价值观问题丛生，首当其冲的是扩张的冲动和短期利益凌驾于其他考量之上。

（3）苦行赎罪；

（4）支持公民民主；

（5）做好事；

（6）影响其他企业。

在环保问题上，Patagonia总是站在前线：小到倡导自带水杯，会议不用纸杯和矿泉水；中到用25只聚酯塑料苏打汽水瓶来制作一件PCR（消费后再生）抓绒夹克；大到坚持几十年对自己课以1%的“地球税”，救赎“自己的罪恶”，他们还发起“1%地球税”基金会，试图影响其他企业。

结语

地球母亲已经史无前例地迎来80亿人同时生活其上。如今，人类需要相当于1.75个地球的生物承载力才可持续满足当前人口的需求。所有生物都处于一个性命攸关的时刻，生物多样性、文化多样性及地球的生命保障系统都在不断退化。

在追求财富和创新的路上，企业的价值观问题丛生，首当其冲的是扩张的冲动和短期利益凌驾于其他考量之上，比如品质、环境保护和人类健康以及可持续的社区等。生态经济学家罗伯特·科斯坦萨（Robert Costanza）曾在《科学》上发文表示：“我们已经靠忽略自然的价值，做了很长时间的假账了。”

Patagonia是首先带头站出来将环境代价计入“真实”账目的企业，我相信这一定是刚刚开始，未来人类所有消耗环境资源的经济活动都会计算生态成本，任何一家优秀企业，都应以在整个供应链“生态系统”中强调“生态成本”为企业价值观的基本原则之一。

摘编自朱岩梅个人微信公众号“管理进化论”

编辑：王夏苇

延伸阅读

公开信《地球现在是我们唯一的股东》

If we have any hope of a thriving planet—much less a business—it is going to take all of us doing what we can with the resources we have.

This is what we can do.

如果我们对一个生机勃勃的星球仍抱有任何希望，那就更要算上在商业上的改变。这需要我们所有人用尽所有资源去努力实现。

这是我们能做的。

By Yvon Chouinard

我从来就没想过要成为一个商人。最开始，我就是一个铁匠，给自己和朋友们制造登山装备，后来才进入服装行业。当我们开始目睹全球变暖和严重的生态破坏、审视我们自己可以做的贡献时，Patagonia承诺：要利用我们的公司来改变普世的商业模式。如果我们在做正确事情的同时还能赚到足够的钱来支付账单，我们也能影响客户和其他企业，也许还能在这个过程中改变整个体系。

从Patagonia的产品开始做起，我们使用了对环境伤害更小的原材料、每年赠送1%的销售额去支持环境保护。我们成为一家B Corp认证的共益公司。把我们的价值观写入公司章程，这样它就会被永远保留下来。2018年，我们将企业使命更改为："用商业拯救我们的地球家园"。

虽然我们一直在尽最大的努力帮助解决环境危机，但这还远远不够。我们迫切需要找到一种方法，在保持企业价值观不变的同时，投入更多的资金来对抗气候变化的危机。

其中一个选择就是卖掉Patagonia，把所有的钱都捐出来，但我们不能确定新的老板还能继续保持我们的价值观，让我们在世界各地的工作团队还能保住自己的工作。

另一条路是让企业上市，那将是一场巨型灾难，即使是再良心的企业在成为上市公司后，也必将承受着太多的压力，要以牺牲长期活力和社会责任为代价换取短期内的收益。

"Truth be told, there were no good options available."

"So, we created our own."

"说实话，没什么好的选择。"

"所以，我们创造了自己的游戏规则。"

我们不会选择让企业"going public"（上市），我们选择了另一条路"going purpose"（使命至上）。我们不会从大自然中榨取资源，再把它转化为投资者的财富。我们选择用Patagonia来创造财富，来保护所有财富的来源。

我们是这样来运作的：企业100%有投票权的股票转移到旨在保护企业价值的Patagonia信托基金（Patagonia Purpose Trust）；100%无投票权股票赠予Holdfast Collective，这是一个致力于对抗环境危机和自然保护的非营利组织，支持资金将来自Patagonia。每年，我们的再投资业务所赚到的钱将作为红利分配，以帮助抗击环境危机。

我们实验和践行"负责任的企业"到今天已经将近50年了，但我们才刚刚起步。下一个50年，如果我们对仍拥有一个生机勃勃的地球还抱有任何希望的话，那就需要我们所有人尽所有资源来实现这个愿望。这是我们找到的另一种履行责任的方式。

我们居住的这颗美丽星球是广袤的，但它的资源并不是无限的。显而易见，人类已经超过了她的极限。但她也是坚韧的，仍在承受着一切。如果我们每一个人承担起保护地球的责任，我们就能拯救地球母亲。

摘录自Patagonia中国微信公众号

编辑：王夏苇

推荐语

阿那亚，“用户企业”的典型

周宏骐 推荐

新加坡国立大学商学院兼任教授
新商业转型专家

阿那亚是商业3.0时代地产项目长尾运营用户的绝佳案例。

首先，阿那亚可以被视为“用户企业”，它深度洞察用户，将需求从物质、情感、精神角度分层，并进行服务产品规划与落地实施。

其次，阿那亚通过设计社区，例如邻里关系社区，去承载各种社群，形成了健身、旅游、慈善等社群；通过让业主们在社区中讨论、共创，去设定社区规则，例如《阿那亚业主公约》；通过业主的参与推动业主自组织、自运营，活跃了社区，将业主的能量与能力释放出来，除了项目方服务业主，也让业主彼此相互服务。

此外，作为“用户企业”，阿那亚建立了良好的VOC（用户之声）系统，让用户反馈，同时有清晰的处理机制，如反馈渠道、原则、维度、标准、闭环方式等，让用户的各种声音成为推动社区进步的来源与动力。

我也在此提出三个问题，与大家共同思考阿那亚成功背后的关键：

第一，关于销售模式：阿那亚在项目定价后，是否有业主口碑推荐产生裂变、社群分销的机制设计？

第二，关于对第三方合作伙伴的管理：阿那亚如何设置服务标准？如何合理分配？如何测算合作方是否达成盈利目标，使得所有合作方能长期稳定地与项目方进行协同运营，不断交付高质量的服务？

第三，关于将服务业务作为独立业务：服务的边界是什么，也就是哪些是不做的？怎样制定固定（必选服务）加浮动（可选服务）的收费模式，让业主感受双赢，让服务业务板块能够持续、长期赚钱？

阿那亚：让服务变成企业成长的驱动力

李文龙 撰稿

B2B营销增长网

B2BGrowing创办人

本辑《决策之道》聚焦“未来”，剖析了很多科技产业和科技企业，但编辑部也在思考：传统行业的未来是什么？

位于河北省秦皇岛市北戴河新区的阿那亚旅游度假地产项目曾是一个滞销项目，2012年的年销售额仅为4000多万元，被视作不良资产。然而6年后，以服务为核心理念的它，年销售额达到了30亿元。阿那亚的例子说明，未来不仅属于高科技企业，更属于能践行先进理念的传统企业，因为一切的先进科技、先进理念最终也是为了服务更美好的生活。

阿那亚的服务理念有何特点？又是如何把先进理念落到实处的？《决策之道》选取本文，希望能为读者带来启发。

很多人听过阿那亚，它是中国的“四大神盘”[1]之一。阿那亚到底做对了什么？

阿那亚（aranya）来自梵语，原意为“人间寂静处，找回本我的地方”，这个名字就把阿那亚与普通的楼盘区分开来，也体现了“人生可以更美”的品牌理念，吸引新中产文艺青年。

大多数地产商仅仅是卖楼盘，高级一点的是卖生活方式，而阿那亚售卖的是新中产的理想生活和价值观，倡导“人生可以更美”。围绕着新中产的理想生活，阿那亚给业主提供丰富的服务，比如建社区食堂、成立儿童托管中心、设立管家服务团队等。这些服务看起来虽然都不是大事，但意义重大，解决了让很多业主头痛的问题。阿那亚的社

① 国内房地产业界有“四大神盘”之说，分别是“西毒：成都麓湖生态城”“东邪：杭州万科·良渚文化村”“南帝：广州中国美林湖”“北丐：秦皇岛阿那亚”。这四个房地产项目均规模较大、建筑新颖、配套齐全、活动丰富，被视为理想社区的标杆。

区服务收入，包括生活配套和艺术活动收入等，每年都在以100%的速度增长，传统房地产服务商不能望其项背。

阿那亚创始人马寅说过一句话，“只要涉及服务客户的事，都是大事”。他不仅这么说，自己及团队也是这样践行的，很多业主都在社区见过他。有业主说：“感觉他把这个社区当成自己的家，每个微信群都能看到马寅，社区里随处可以遇到他，甚至酒店床头也有他的‘存在’，有问题可以留言给他。”

只要涉及服务客户的事，都是大事。

阿那亚内部从上到下都全身心投入服务里面，业主提出任何问题都会被团队认真对待，及时跟进解决。同时，阿那亚不断丰富社区里的生活配套设施，引入精神文化内容，办起了各种艺术节，在服务业主的过程中和业主逐步建立信任，形成口碑，老业主就成了“义务宣传员”——阿那亚95%的房子是老业主推荐新业主购买的。

客户洞察是一切商业服务的起点

客户洞察，主要是指对有价值的客户的识别和对客户需求的深入分析。客户洞察是一件贯穿服务客户整个过程、各个维度的事情，是服务好客户的基础。

阿那亚卖的是非刚需的度假地产，需要深入洞察客户群体，精准拓展海边非刚需客户群。它的核心策略是聚焦特定的客户，不断洞察他们的需求——阿那亚大多数业主都是在北京工作、25~35岁的新中产群体，大多一直处在高度紧张的竞争状态中，在北京奋斗多年却没有归属感，希望在北京之外找个精神家园缓缓气。阿那亚作为非刚需产品恰恰能够成为这个群体的刚需产品。

非刚需产品的拓展逻辑，不是围绕产品的特点去拓展，而是围绕客户的特点去拓展。阿那亚深度服务同一批人，深度挖掘客户更多的需求：有能看海的海景房；有人喜欢看山，于是有了山景房；还有很多业主向往候鸟式生活，夏天来北戴河，冬天去三亚……以此类推，很多不同的度假房产项目就诞生了。

洞察客户的需求不单单是第一步，而是贯穿产品和服务整个周期的必备动作。马寅说，如果企业只是想卖了房子走人，不提供后面的服务的话，房子是卖不掉的。提升服务品质，延长和客户在一起的时间，才能留住客户，赚到更长远的钱。阿那亚做了大量的配套和运营，让客户后期在社区里继续消费，持续性赚慢钱。

需求分层，物质需求先行

一些企业面对客户时，往往是笼统地提供服务和产品，没有意识到客户的需求其实有不同的层次，只有把每个层次的需求都理解了、满足了，才能真正服务好客户。

客户的需求可以分成物质、情感和精神三个层次：物质是基础，情感是依靠，精神是支柱。当我们提到客户需求时，大多数人首先想到的是物质需求，对情感需求和精神需求不甚在意。但对于有高品质追求的消费者而言，物质需求只是基础，会重点关注情感需求和精神需求。阿那亚是如何满足客户的物质需求、情感需求、精神需求的呢？

如图10（见下页）所示，物质需求是指产品功能和核心服务，阿那亚做到了满足客户物质需求的“全覆盖”，而且阿那亚的经验是规划产品时目光要长远，要考虑社区的长期运营，而不是像某些地产商那样，成本控制到最低，在保修期内不出问题就行了。当然，“全覆盖”不仅是管理自身，还包括第三方合作伙伴的管理，根据客户需求动态调整既有的服务等。

同时，把产品的设计环节打开，让客户的意见实时参与进来，才能高效地解决问题。阿那亚在产品或服

客户洞察是一件贯穿服务客户整个过程、各个维度的事情，是服务好客户的基础。

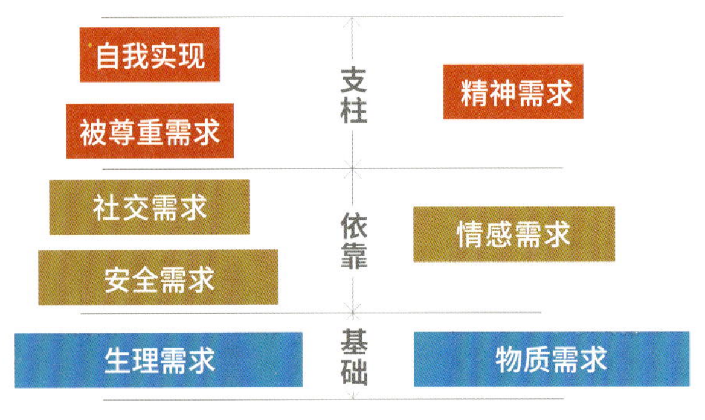

产品满足客户对于丰富自己精神生活、精神层次的需求。

产品满足客户对于维护、增强、改善人与人之间亲密关系的需求。

物质需求也叫产品的物理价值，是产品满足客户最基本的功能性需求，其中尤其需要注意的是一些只有设身处地站在客户角度才能看到的一些人性化的需求。

马斯洛需求层次理论　　客户需求模型

图 10 客户需求的三个层次

务的设计之初就了解客户的需求，尽可能地把客户的需求融入产品或服务中；产品或服务出来后邀请客户成为“体验官”，这样，客户的参与度高，满意度也高。

营造公共空间，满足客户情感需求

随着消费升级，越来越多的客户期待从产品中获得情感上的满足、心理上的认同。在产品的基本功能之外，客户往往依据情感需求做出选择。其实，现在很多企业都关注到了客户的情感需求，但往往存在的问题就是“不落地”，很多客户没有真正体验到情感上的满足。贝恩咨询发布过一组数据，80%的公司认为自己提供了良好的客户体验，但只有8%的客户这样认为。没有被客户感受到的情感满足就是自我感动。如何让情感需求真正“落地”于产品中并让客户真切地感受到呢？

首先，需要做透“理解”的工作，从客户视角出发，感受其日常的需求点。在城市里，人们很忙碌，社交时间也少，往往希望在度假居住的地方和志趣相投的人深度交流，满足情感连接的深层次需求。

其次，理解需求后还需要“落地”。阿那亚建立了一个高质量、深度连接的邻里关系社区，让大家从

没有被客户感受到的情感满足就是自我感动。

线上走到线下，走出家门，在公共空间认识、交流，比如图书馆、食堂、酒吧、茶室、水上运动中心、海边集市、足球场等。这些场所都和生活有关，为人与人融合交流创造了条件。在各种活动中，业主们创建了各种各样的微信群："阿那亚跑步健身""阿那亚摄影旅游""阿那亚话剧社""阿那亚慈善义工"……在社群里，人们自愿分享、互相帮助、建设自己的家园，不仅自己找到了归属感，也让阿那亚逐渐成为"所有人服务所有人的社区"。

阿那亚每年大概会举办1500场活动，而且多达一半是业主自发组织的。服务商策划的各种活动虽然精美，但不一定是业主真实的需求。阿那亚的业主在互动中自发地举办活动，阿那亚扮演的角色就成了"推波助澜"的"媒人"，其工作重点在于激发业主的兴趣参与感，尽可能地为业主的活动提供支持，让业主自己去组织社群活动。

此外，阿那亚还围绕业主不同类型的活动创造了各种各样的节日，如"阿那亚戏剧节"、清明节期间的"家史文化节"等。这样的节日不仅让业主之间的情感联系更深层、更长久，也让业主与阿那亚的联系更紧密。

马寅曾分享过人类学家项飙教授的一句话："意义必须在实践中生长出来，意义必须在自己和他人的相处中浮现出来。"

满足客户需求的最高层次：精神需求

满足物质需求能在产品和服务上努力，情感需求可以在邻里关系上努力，客户的精神需求该怎么满足呢？阿那亚的做法是搭建图书馆、美术馆等精神地标，这些空间承载了大量精神文化活动。从这一实践中，可以总结出两点。

第一，关注人在空间里的真实体验。阿那亚的各种建筑在设计之初就想象真实的人在建筑空间里如何进行互动，这样，造出来的空间就能真正满足人们的精神需求，成为精神空间的依托。

第二，提供精神文化内容。如果客户从精神文化内容中感知到企业的价值观并对价值观表示认同，他们就会反复回到这里。当一部分客户深深认同企业之后，还会带来更多有相似价值观的人。

当一部分客户深深认同企业之后，还会带来更多有相似价值观的人。

从阿那亚满足客户物质需求、情感需求、精神需求的三个维度来看，**未来的所有商业模式都应该是某个生活问题的解决方案，每一种解决方案都是对人性需求的回应。**

图11、图12是阿那亚礼堂，目前已成为阿那亚地标性"精神建筑"之一。

图 11 阿那亚礼堂
来源：@ 阿那亚

持续保持高水准服务的奥秘

真正做过服务的人都知道，创造高水准的服务没那么难，真正难的是始终保持高水准的服务。如何持续提供高水准服务呢？阿那亚的范例中，至少有三点启示：

第一，与客户共同定标准。

服务是关于人的，其标准不应"一刀切"。阿那亚怎么避免出现"一刀切"的服务？让业主自己讨论规则，制定《阿那亚业主公约》。

第二，边服务边监控。

建立业主群，让业主随时监督；设置村长信箱，让访客随时监督；主动搜集信息，保证外界的随时监督。阿那亚的服务质量监控团队不仅有工作人员，还包括了已有的、潜在的和未来的客户。

第三，用投诉细化服务的颗粒度。

阿那亚探索出了一个看上去挺笨拙但又确实有效的方法——用投诉来细化服务颗粒度，提高服务水准。

总结其经验，想要保持服务质量，首先要在标准制定时就把客户拉进来，然后边服务边监控，最后在投诉的基础上细化服务的颗粒度，形成一个始于客户，也以客户为终点的服务质量管理闭环。

处理客诉的三大原则

客诉是每一个做企业的人都躲不开的问题，而且它关乎生死：客诉问题解决好了，客户满意了，企业的服务就可以延续；如果投诉不断，客户信任逐渐流失，企业的服务也就做不下去了。

阿那亚面对客诉的做法是开通400投诉电话，24小时聆听客户需求，协调各部门解决问题。此外，马寅还主动建立业主投诉群，与业主在群里直接交流，直面客户投诉，并要求负责的同事10分钟内响应客户投诉，24小时内回复解决方案；对投诉公开处理，从点到面提升客户满意度。

客诉问题解决好了，客户满意了，企业的服务就可以延续；如果投诉不断，客户信任逐渐流失，企业的服务也就做不下去了。

经过多年的服务经验积累，阿那亚确定了三大客诉原则。

（1）不看当下成本，看长期回报。

（2）从点到面提升客户满意度。

（3）从客户满意到让客户参与共创，产生身份认同。

阿那亚在处理客诉问题时有三个思考维度，也是三个问题。

（1）当下处理的某个客诉问题，会对未来产生什么影响？

（2）站在点和面的角度去看，如果所有人都知道了某个客户的投诉会怎样？

（3）评估客诉处理效果的时候，比客户满意度更重要的是客户有没有拿你当自己人？

用心服务业主，不放过每一个客诉问题，让阿那亚最终收获的不仅有95%的转介绍购房率，还有全球服务产业的学习最高标准。

把产品的设计环节打开，让客户的意见实时参与进来，才能高效地解决问题。

结语

在很多房地产商还认为“做活动、做服务就是烧钱，是为实现卖房而投资”时，阿那亚的服务业务自身已经实现了盈利。可以说，它正在实现旅游度假地产的三个终极目的：卖房实现溢价，通过服务赚长期的钱，树立高雅的人文形象并成为经典。

马寅说，阿那亚这个项目之所以成为今天的样子，不是靠“3年战略、5年愿景”规划出来的，也不是靠精准推演的商业模型做出来的。今天的阿那亚，就是靠服务客户一步一步干出来的，服务客户是阿那亚一路成长的驱动力。

编辑：田兴宇

延伸阅读

服务是房地产的未来

◎ 马寅 阿那亚创始人

《ARANYA》：阿那亚似乎一夜成名，已经成为业界的一个话题了，能披露一下其中的奥秘吗？

马寅：阿那亚的火爆，也出乎我的意料。我们是2014年6月初才开始做推广的，准备得很不充分，甚至有些仓促，也没有太多的投入，7月阿那亚就热闹起来了，8月更是到了人满为患的地步。现在想来，还真像是一夜之间的事。

阿那亚很开放，该知道的大家都已经知道了，真没什么奥秘。要有，也只能说是阿那亚禀赋资源太好了，这样的地方不火，那就没天理了。另外，全靠朋友们的热情捧场。如果还有什么的话，那只能说我们的运气还不错。

《ARANYA》：话虽如此，在营销层面，你们一定还是做对了什么。

马寅：看来，业界对阿那亚的营销很好奇，但对我们的商业模式、对我们的战略、对我们对房地产未来的独特理解不太感兴趣。

如果他们将阿那亚为客户提供的独特体验称为营销，那也没错。但是在我的思想中，没有营销，只有服务。说白了，就是带着客户一起玩，玩嗨了；认真伺候客户，把他们伺候舒服了；提供客户想要的，尽他所想，尽我所能。

服务导向，这是阿那亚商业模式的核心。

有人说，阿那亚的微营销做得好，还有人说，某一条被转发几万次的微信公众号推送让阿那亚一夜成名。真实的情况是，阿那亚就一个官微，微信推送是一个必选的常规动作，我们投入很小，是委托给一个名不见经传的小公司来运营的——我的一个小兄弟刚创业，阿那亚是他的第一个微信业务。一条推送被转发了几万次，这是真事，但是个巧合，不是常态，可遇而不可求。

如果非要让我讲营销的经验，我总结四条：

第一，品牌驱动。打造一个生活方式品牌，这是我们的初心。

第二，体验为王。将客户体验做好，他们自然会替你说话。

第三，对圈层营销的独特理解。每一位客户都是意见领袖，是好东西，客户自然会乐于分享。

第四，和客户在一起。别人看着我和客户频繁互动，觉得我累，但我自己很享受这一切。

没有创意，只有诚意；没有灌输，只有沟通；没有传播，只有分享。这就是我对移动互联语境下房地产营销的理解。

《ARANYA》：看来你的同行们还是没有看懂阿那亚。

马寅：我觉得是。这一年多，我一直专注于阿那亚的事，远离北京，很少与同行交流，对他们如何应对房地产行业大的转型的想法不太了解。倒是最近一段时间，来阿那亚考察的同行多了起来，他们很喜欢阿那亚，有一些人还买了房子，但是说实话，他们对阿那亚大多持疑虑态度。

比如说，有人觉得我们的想法固然美妙，但太理想主义了，在中国的现实环境中行不通；有人觉得我们想法太超前了，搞不好就成“先烈”，风险太大；还有人觉得，我们致力于服务的提法和做法，不是企业的战略行为，只是营销层面的战术动作，说白了，是在为了卖房子而作秀。

总体上，我感觉他们的思想很固化，仍然沉浸在过去的好时光、旧观念、老套路里难以自拔，看不到也不愿意看到房地产未来的发展方向，这就解释了业界为什么只对阿那亚的营销感兴趣，而对阿那亚的商业模式反应迟钝。其实这一点也不奇怪，如果倒退两年，我也会这么想，因为我也是这么过来的。

房地产只有向服务转型才有出路，服务就是房地产的未来，我对此坚信不疑。

本文摘编自《ARANYA》第三期新刊，略有删改

编辑：田兴宇

疫情似乎已远去，春风徐徐过江来。三年无数伤心事，一件一件在胸怀。

安塞姆·基弗有言：我不是怀旧，我只是要记得。

插画摘自 @ 老树画画

读书 READING

2023年乍一开年，我们就经历了一场空前的“刘慈欣热”，《流浪地球2》再掀观影热潮，《三体》改编的动画和电视剧也接连上映，而由Netflix改编的科幻美剧《三体》也将于2023年在海外播出，毫无疑问，这堪称真正的《三体》影视化元年。

为什么刘慈欣的科幻作品面世十余年仍万众瞩目？为什么《三体》得到众多企业界、学术界乃至政界大咖青睐？《决策之道》特邀早期发起《三体》与中国创业环境相关讨论的资深媒体人程苓峰及正和岛岛亲、“企二代”、青年科幻作家黄斯沉（笔名：司辰）分享个人视角下的《三体》感悟。

世道无常，看看《三体》

程苓峰 撰稿
知名媒体人
原腾讯科技总监

2022年春节前后重温了《三体》，很多零散往事在脑袋里串成一个整体，紧接着就思考如何在这快速变化的世道里自保。

第一次被安利《三体》这部科幻作品，是2010年刚进腾讯，同事说这东西“实用”。为什么说科幻“实用”？其实，科幻必须是哲学，想象力让人在时间和空间上来回穿透，就会问到终极问题：生命从哪儿来？到哪儿去？意义是什么？……那就必须关心最深处的人性。而且，科幻要架构庞大，思维没有疆界，横亘全宇宙——这一点跟互联网极为相似，Facebook和微信已经把所有人联结到一起——今天你看到的，明天在生活里就会出现，这才是科幻。

到底什么是三体？三体就是“无常”，没有恒常不变的状态，变化不可预测。假设一个空间里只有一个物体，那它的运动是有规律的，这就是“一体”。太阳系只有一个太阳，它的质量远大于其他星体的总和，太阳主宰了太阳系的运动规律：太阳东升西落，季节轮回，还有大海的潮汐。再假设一个空间里有两个物体，它们相互作用之后的运动也是有规律的，这是“二体”。但假设一个空间里有三个物体，它们相互作用之后的运动就是无规律的。在三体星系里有三个太阳，可能同时出现，把大地烤干，也可能都消失，大地成为冰窖，没什么是确定的。所以，我们活在只有一个太阳的世界里，太偶然了，既然是偶然，就可能消失。

腾讯投资的《三体》电视剧原计划在2019年年底开拍，但新冠感染疫情让整个世界忽然变了一个样子，重新开拍已经是半年之后。据说这让剧组有了感觉，无常真的来了。

亲历“3Q大战”：生命的本性是扩张

2010年11月，我进腾讯大半年，“3Q大战”爆发，于是一夜之间明白了互联网圈子为什么推崇《三体》。一个有稳定收入、过过小日子的老百姓，仿佛活在摇篮里，理解不了“黑暗森林”；但创业的人，哪怕是小商小贩，都见惯了关门破产，商业竞争真的会一剑封喉，尤其是出海的企业，像在茫茫宇宙里漂流，每一步都关乎生死。这些人心里知道，《三体》就是现实。

2015年，我听说腾讯花了大功夫拿下《三体》电视剧版权，虽然早已离职，但心中有一点安慰：科幻不是谁都能拍的，把那些超越现实的想象从文字变成画面，需要过硬的计算机视觉（CV）技术。无论是用技术还是讲哲学，腾讯都配得上，当年的“3Q大战”到处都映射着《三体》里的生存法则。

法则一，宇宙物质总量是固定的，不会多也不会少，而生命的本性是扩张。这是“贪嗔痴慢疑”里的贪。腾讯推出QQ管家，跟360安全卫士直接竞争。电脑内存是有限的，用户时间是有限的，手机屏幕空间是有限的，不可能有两个相似的产品同时强盛。任何一种生命存活到今天，遗传密码会让它们无论如何也要把DNA传递下去。不管是有意识还是无意识的，生命传递DNA的本能都强于文明所形成的道德。企业也是生命，必须不断获取物质、扩张、存续。

法则二，猜疑链——我无法判断你是善意还是恶意，以至于无法判断你表达出来的善意是不是真心的。这是“贪嗔痴慢疑”里的疑。360无法判断腾讯是看上了全部市场，还是只想要建立一道让自己觉得安全的护城河；腾讯也无法判断已经成为第二大客户端的360，会不会突然杀入自己的地盘，从猜疑到战争只需要一次擦枪走火。

技术大爆炸，会加重猜疑链。当年傅盛在360带头做360安全卫士，队伍还只有10个人的时候，就引起了腾讯的注意。腾讯当时想收购，360拒绝，结果360安全卫士短短几年就成了第二大客户端。到了“3Q大战”时，360推出的“扣扣保镖”让用户备份

出海的企业，像在茫茫宇宙里漂流，每一步都关乎生死。

不管是有意识还是无意识的，生命传递DNA的本能都强于文明所形成的道德。

QQ好友名单，向好友发送邀请，这可能迅速卷走腾讯花12年积累的QQ用户关系链，让QQ“三天之内，全军覆没”。

人类数万年原始和农耕社会里，生产力几乎只是原地踏步，在公元1800年之前，几乎是一条平平的直线；但工业革命开始，生产力开始曲线爬坡，在两百年里创造了过去几个数量级的财富；信息革命以来的数十年里，生产力曲线更陡峭，并且技术进步还在加速。曾经，Yahoo、Myspace、思科、诺基亚也都如日中天、笑傲江湖。

法则三，降维攻击——把人变成蚂蚁，人瞬间失去战斗力。这是“贪嗔痴慢疑”的嗔和慢。腾讯反击360的做法是宣布QQ客户端与360安全卫士不兼容，一夜之间，3000万360安全卫士客户端被用户卸载。QQ关系链是一张网络，对于只是一个纯粹的电脑工具的360安全卫士来说，QQ与它不兼容就是降维攻击，它完全没有抵抗能力。

免费模式当时深入中国互联网公司的骨髓，包括有版权的音乐和视频也都免费，几乎没有一家外国互联网公司在中国取得成功，这是“免费的诅咒”，也就是降维攻击，中国互联网整体从三维变成二维，在外面那个三维世界里生存的物种到了二维世界就无法生存。老虎不能靠吃草活下来，但羊可以；羊不能靠吃土活下来，但蚯蚓可以。

法则四，死亡威慑——地球能在三体文明打击下存活，只因为罗辑发现了互相毁灭的玩法，大不了鱼死网破。腾讯有降维攻击的能力，360也用事实证明腾讯很难全身而退。“3Q大战”之后，腾讯选择开放生态，把“半条命”交出去，互联网走向制衡了。

科技更高的文明，道德就更高吗？

2012年，我在腾讯发起过一个沙龙，请了四位嘉宾，一位嘉宾创立了自己的风险投资机构，两位嘉宾的公司后来上市了，还有一位后来做了上市企业总裁。

从猜疑到战争只需要一次擦枪走火。

那天晚上，四位嘉宾都对国内一些互联网企业表示无奈：没有规则的竞争绑架了所有人，企业为了生存想尽手段，比如拦截对手产品。他们又对以Facebook、苹果、亚马逊为首的优秀企业表达了尊敬：这些企业只做创新，都在想如何做好一个点、一类业务。它们跟业界共生，而不是通吃；会把对手产品并列，让用户选择；没有哪个企业敢犯规，否则会成为公敌而被用户抛弃。

今天再想起十一年前的那个夜晚，200多位在场的互联网人当时都有一种泥足深陷的悲伤，不过当时所有人都忘了，《三体》的本质是无常——当我们觉得知道些什么的时候，那个“知道”就过时了。

《三体》里，中国人民解放军太空军司令员常伟思跟纳米材料科学家汪淼有一段对话：

“汪教授，你的人生中有重大的变故吗？这变故突然完全改变了你的生活，对你来说，世界在一夜之间变得完全不同。”

“没有。”

“那你的生活是一种偶然，世界有这么多变幻莫测的因素，你的人生却没什么变故。”

“大部分人都是这样嘛。”

“那大部分人的人生都是偶然。”

“可……多少代人都是这么平淡地过来的。”

“都是偶然。”

……

“整个人类历史也是偶然，从石器时代到今天都没什么重大变故，真幸运。但既然是幸运，总有结束的一天；现在我告诉你，结束了，做好思想准备吧。”

一切变化开始于技术大爆炸。在PC互联网时代跟在美国后面照搬的中国在移动互联网时代开始有所创新，TikTok破天荒冲进了美国家门，华为的5G设备卖到全世界，中国制造迈向高端，一切都变了，“黑暗森林”降临，《三体》里的生存法则再次启动。

法则一，宇宙物质总量固定，而生命的本性是扩张。用户每在TikTok上多玩1分钟，就会在其他平台少停留1分钟，Facebook和Google都摘下“不抄袭”的面具，推出类似产品。

法则二，猜疑链。对美国互联网公司来说，如果TikTok拥有足够多的用户，则随时可能推出对应的视频搜索或者视频社交。对美国来说，如果采用了华为设备，那华为会不会窃听，就像美国窃听欧洲一样？美国无法相信中国会和平崛起，也不理解什么是“人类命运共同体”，“修昔底德陷阱”生效。

法则三，降维攻击。美国企业无法在产品上正面对抗，于是政府亲自下场，美国游说盟国不采购华为产品，“合法劫持”华为CFO，掐断芯片供应。《华盛顿邮报》报道，一家名为Targeted Victory的咨询公司收到支票，策划一场让美国公众反对TikTok的全国性运动，宣扬TikTok对儿童和社会构成威胁。

法则四，死亡威慑。之所以美国遏制不住中国，是因为中国也能够“人若犯我，我必犯人。”在地球这些“玩家”里，中国是罗辑一样的存在，在威慑能力的保护之下建立了防火墙，为技术大爆炸准备了时间。

……

那些大洋彼岸的对手，当真“不作恶”吗？可能这只是当年的我们的一场“单相思”。

2012年的那个夜晚，我们忽略了什么？《三体》中，叶文洁在年轻时以为掌握更高科技的文明必然有更高的道德，到了老年才意识到这个想法并不“科学”。TikTok和华为闯进美国的一连串事件可能证明

老虎不能靠吃草活下来，但羊可以；羊不能靠吃土活下来，但蚯蚓可以。

了：更高的科技不一定有更高的道德，更高的道德也不一定意味着有更高的科技。

1996年，我在北京上大学，听到教授痛斥社会风气之卑劣，挤公共汽车全凭体力，大男人跟老人、孩子、孕妇一起争抢上车，觉得很羞愧。我又看了李安的《饮食男女》，片中1993年的台北也跟北京一个样。后来在一些城市，我却看到不一样的场景，乘客礼貌排队上车，不抢不挤。那一刻我忽然明白了：所有人挤人的地方，都是人比座位多；所有人让人的地方，都是座位比人多。说到底，资源起决定作用，仓廪实则知礼节。

富足的生活就像一个摇篮，把大人变成孩子；当有人适应了舒适的有秩序的生活，他就变成了孩子。如今，这样的幻觉被TikTok和华为戳破了，也被马斯克戳破了——这个睡在办公室的“野蛮人”告诉Twitter员工，要么疯狂加班，要么回家。现在，每一家硅谷巨头都在成千上万地裁员，没有摇篮了。

如果更多的TikTok和华为继续攻城略地，美国的科技霸权从全世界获取的财富越来越少，难以填平内部贫富差距，那么，贵族们的秩序还能维持多久？如果“灯塔”倒掉了，那些仰望的人，从哪里看到希望？

在无常的世界里，怎样活下去？

《三体》开篇不久，科学家接连自杀，因为他们发现物理学不存在了。一个白球以相同速度撞向一个黑球，有时黑球会跟往常一样掉进洞里，有时会冲破墙壁飞向远方，有时会像麻雀一样乱窜……在不同的时间和空间里，反应是不一样的，物理定律失效了。科学家汪淼就要崩溃，刑警史强却对他说，有什么大不了的，回去睡觉，吃饭，上班，活下去。面对无常，只能“断舍离”，不要认为世界必须在自己掌握之中。

面对无常，只能“断舍离”，不要认为世界必须在自己掌握之中。

三体人也一直想要预测三体世界的规律，但经

没有无常，就没有新机会。

过192轮失败之后放弃了，他们决定离开三体行星，寻找一个新世界，而这次向外寻找，打搅了高维度的对手，最终令三体文明被摧毁。他们想要摆脱小无常的努力，最终迎来了大无常。三体人跟那些地球科学家一样，想在无常里寻找永恒，结果悲剧发生了。

2017年，王兴讲人口红利会消失，互联网进入下半场，出路是“上天、入地、国际化”。今天来看，这三样不只是让企业求生，也契合了国家需求。“上天”，就是搞“硬科技”，突破“卡脖子”技术。“入地”，是给上游实体行业赋能，推动共同富裕，而不是做“食利阶层”，坐在平台上“收税”。“国际化”，就是向外部结网，反中美脱钩，化解美国的“去中国化”。

但互联网企业大多没在2017年转向，可能习惯了过去的生活，于是错失了5年拐弯的时间。人口红利消失，不只是企业的事，整个经济结构都变了，之前靠人口红利就能轻松增长，之后靠供给侧改革才有增量，企业和国家都会被这个压力推着向同一个方向走，没有人是自由的。在无常的世界里，“断舍离”能让人强壮，活在过去会伤害自己。

其实没有无常，就没有新机会。曾经创业者是知识英雄，后来成了资本家。曾经“996”是必需的，后来成了负担……我们处于旋涡之中，40多年的高速增长，不可能一直持续。张一鸣说，向前看。王兴说，既往不恋，纵情向前。任正非说，一江春水向东流。

《三体》可能是今天最应景的一部文化作品，我们面临同那些科学家一样的困境，很多习以为常的东西，一夜之间可能就会突然消失。我们要么被风吹倒，要么随风起舞。

扫描二维码
关注微信公众号
“卢泓言”

本文整理自程苓峰个人公众号“卢泓言”，内容略有删改

编辑：王夏苇

从《三体》谈企业家代际传承

黄斯沉 独家撰稿
AD Legacy China CEO
青年科幻作家

春节假期里，我再次翻阅《三体》，对刘慈欣作品中宏大的世界观叹为观止，同时，作为一名青年科幻作者，更感到了如同在喜马拉雅山脚下遥望山顶的那种渺小与无力：史诗般的岁月描摹中诞生了许多广为流传的概念与金句：黑暗森林法则、降维打击、“毁灭你，与你何干”“给岁月以文明，而不是给文明以岁月”……《三体》的设定与世界观是如此庞大深邃，任何一个章节都可以拿出来进行深度探讨与解读，其中的许多细节都验证了发生在这个时代的事甚至预言了未来我们可能面临的社会问题与文明困境，想要通过数次简单的阅读去解析其涵盖的内核，无异于盲人摸象。所以，我仅仅就此番阅读印象深刻的内容献上个人解读，我相信《三体》中还有更多的内容足以与现实中企业和个人的生存与发展问题遥相呼应，为读者带来常读常新的启示。

《三体》中人物角色多如繁星，有些角色也许只在剧情中存在过一刹那，却能改变全人类的命运。如果要问哪个角色给我留下的印象最深，我会选择叶文洁、罗辑以及程心。这三人的故事贯穿《三体》三部曲，贯穿渺小而脆弱的人类文明在逐渐凋零的宇宙中的变迁全程。

上一代的成就与下一代的隐忧

程心这个角色历来被人诟病，许多读者痛斥她的软弱，称之为“圣母”，但是就程心这个人物本身来说，她的决策却是一个自然而然的过程——这里要声明的是，多数读者都是以上帝视角来审视故事，但如果我们真正将自己代入《三体》的世界变迁之后，一切便显得如此合理：

在《三体》中，对人类心灰意冷的叶文洁在发现三体

在最绝望的时刻也依然心怀希望，在最黑暗的时刻还能找到通往光明的路径。

文明后发出广播，盼望借助人类之外的力量来改造人类与人性。她点燃了灭世的火焰，却不知道如何控制火的蔓延，于是她将所知的知识，也就是黑暗森林法则传授给罗辑，而罗辑用这些知识铸造了一把能毁灭三体文明也能毁灭人类文明的“双刃剑”，也就是引力波威慑系统，成为执剑人并掌握威慑控制权，通过控制是否向宇宙广播三体文明的坐标这一同归于尽的手段来维系两个文明的战略平衡，然而，这柄“剑”在交给“圣母”程心15分钟之后就从她的手中掉落。总的来说，时代不同，选择不同，叶文洁、罗辑、程心这三个人本质上都只是时代的产物。

在《三体》中，三体星系有三个太阳，三体文明的母星在三个太阳的引力下进行无序运动，随时可能会被“三日凌空”带来的高温毁灭，三体人在残酷且野蛮的环境中挣扎着成长，也训练出在艰难的环境中求生的意志。同样，能够被三体文明敬畏的唯一一个人类——罗辑，也是在看似文明实际野蛮的社会中成长，被人类文明的黑暗面反复锤炼，最终成为一名合格的持剑人，掌握可以毁灭两个文明的引力波威慑系统，作为利剑震慑三体文明，也为人类文明换来了54年的和平。某种意义上，罗辑和三体人是同类——都被残酷的环境反复锤炼，并因此获得坚韧的品质，这让他们在高度不确定的环境中依旧能够保持极其冷静甚至残忍的视角，从而审视自身并努力挣扎着活下去，这是程心这样生于和平年代、充斥“博爱”思想的人所不具备的宝贵特质。

每当看到这里，我都会想起老一辈中国民营企业家，他们在高度不确定的环境中一路带领企业突围，在绝望和希望之间求存，来自外部的市场竞争等因素都不能轻易打倒他们，这种环境中成长起来的企业家往往拥有坚韧的内心品质，在最绝望的时刻也依然心怀希望，在最黑暗的时刻还能找到通往光明的路径。许多企业界前辈身上都能看到这种品质，比如俞敏洪老师带领新东方实现东方甄选的再创业奇迹，比如74岁的褚时健经历牢狱之灾后再次创业、造就褚橙，比如信中利的汪潮涌在“失联风波”后咬紧牙关，尝试通过电商等创新业务突围……这个时代的中国企业家经历过如同三体文明“恒纪元”的好时光，也经历了酷暑难耐、彻骨严寒的“乱纪元”，在严酷环境中培养出的卓越生存能力、领导者必备的坚韧品质，是当代文明中最亮眼的星光之一。

在严酷环境中培养出的卓越生存能力、领导者必备的坚韧品质，是当代文明中最亮眼的星光之一。

但是，到了程心这一代会如何呢？也就是说，在新一代中国企业家接过接力棒之后，当年那柄时代赋予中国企业家的利刃是否能够顺利传承下去呢？《三体》中描述的程心的时代，恰恰与我们这个时代的某些特质遥相呼应。那个时代里人类盲目且自大，忘记了外界的险恶，忽略了生存的代价。要知道，文明的生存来自自身的挣扎，企业的生存也来自企业家的拼搏，无数优秀的企业家在这片土地上奠定了基础，也会在未来的十年、二十年里陆续退出舞台，这是宿命，新一代企业家将逐渐走上台前，传承上一代的事业遗产。当下一代执剑人面对外来威胁时，时代是否已经将他们塑造出了能够应对复杂困境、做出艰难选择的心性和品格？

《三体》中，在掌握了引力波威慑能力、不再担忧三体文明威胁之后，人类社会迅速展露出天真的一面。虽然那个社会无限发达，拥有罗辑时代所没有的太空舰队，拥有高度发达的经济和文明，文化的多样性充分绽放，甚至人类的文化开始对三体世界带来冲击，让曾经试图毁灭人类的三体世界转头视人类为导师，但是，这些都改变不了人类社会脆弱的本质：在安逸的环境下，人类开始追求无限制的包容，对隐藏起来但仍实际存在的三体世界的威胁视而不见，人类社会吸收三体文明养分进而飞速发展，却忘记了悬在头顶的达摩克利斯之剑，甚至转而开始恐惧自己那双持着悬在对方头顶的利剑的右手。曾经的救世主在人类眼中变成了暴君，人类需要一个不令人恐惧的执剑人领导自己。最终，人类文明选择程心作为新一代的执剑人，进而丢掉了文明的未来。在程心接过剑的15分钟后，人类文明进入倒计时。

程心所在的威慑纪元看似拥有一切，一切却又在瞬间化为灰烬。归根结底是为什么呢？那个时代的人类贪图享乐，都以为所谓的三体世界的威胁不过是编造的故事，生活的柔软摧毁了人们对黑暗森林法则的信任，转而追求盲目的文明和绝对的道德，甚至试图通过摧毁旧时代的信仰来证明自己的理念的优越性，连对罗辑这样为文明承担执剑责任的人都试图加以审判——这多么像互联网上一些肆意批判民营企业与民营企业家的言论。而新一代企业家或者“企二代”，是否会逐渐陷入《三体》中震慑纪元里人类社会同样的困境？

走向“乱纪元”，直面文明竞争

所有人包括我自己都不得不承认，眼下这一代年轻人享受了极好的光景，过往的30年是黄金30年。相比老一辈企业家，这一代人拥有的资源、资金、知识都有质的飞跃。在上一代企业家为了生存拼搏的年龄，新一代企业家可能正躺在沙发上，享受着信息技术的红利，在互联网平台的内容中遨游。“任正非们”需要向亲戚借款创立企业，但新一代企业家可以通过天使基金、VC等金融机构获取早期的资本金，所需准备的可能只是制作精美的PPT。

这个时代究竟是对是错？答案可能是复杂的。

在《三体》中，人类文明被三体文明“锁死”了基础科学，虽然并未放弃研究，但成果集中在应用技术上——他们在太空制造了巨大的居民点，在太阳系内打造让人类可以生存的殖民地，但本质上，基础科学的“锁死”，让人类只能根据现实需求对一切

在我们更擅长创造概念、包装概念并沉浸在热门词汇带来的泡沫之中时，一旦科技的动向以及外部的环境扭转，我们可能就变得非常脆弱。

的产品进行量级的迭代。与之逻辑相似的是，过去10年间，中国诞生了大量优秀的互联网企业，网络娱乐层出不穷，短视频、直播、选秀节目等夺取流量乃至用户注意力的渠道——这些往往让人性陷入诱惑而非挑战——被无数企业以内卷的姿态发扬到了极致，以至于许多新一代企业家似乎更擅长创造新的话题、进行微创新，一窝蜂地在热门词汇如新消费、元宇宙、预制食品、数字藏品上大力投资，以至于投资的速度甚至都赶不上风口变化的速度了。然而，在我们更擅长创造概念、包装概念并沉浸在热门词汇带来的泡沫之中时，一旦科技的动向以及外部的环境扭转，我们可能就变得非常脆弱。

人类社会究竟会发展为什么样的形态？我们都是这个时代的见证者。就如新人类文明见证了三体文明的二次科技爆炸一般，如今的我们也见证着世界范围内的又一次科技革命与创新——OpenAI的ChatGPT打开了一扇崭新的大门，每天超过100万人在向它发起提问，其效率更将在全社会信息反馈的基础上不断迭代，可能会在不久的将来成为社会的新基础设施，而它赋能的企业的运行效率和生产力也将面临质的飞跃，基于它创造出的新技术、新产品也将对上一个阶段的技术、产品带来代差级别的打击。如同《三体》里高等文明的二向箔降临太阳系，将恒星与行星“拍扁”成一幅画一般，我们的许多企业在国际竞争中辛苦缩小的差距，可能会因为ChatGPT这类基础设施的落后而再次被拉开。

可以预想，新一代企业家将面临比上一代企业家更强烈、更残酷的国际竞争，手中的竞争工具甚至可能又变回石头和斧子。那么，是转向艰难且结果不明的底层技术、基础设施创新和投资，还是延续原来路径下的微创新？我想许多企业家都已经有了答案。

在经历了数十年的黄金时代后，一个现实中的“乱纪元”可能即将开始。

人人都在说，接下来的生存环境可能充满更多

达摩克利斯之剑本应成为文明前进的动力，而不是每个人心中抹不去的阴影。

不确定性。这就如同三体世界那无序的恒星运动一样，在经历了数十年的黄金时代后，一个现实中的“乱纪元”可能即将开始。压力渐增的经济环境、日渐复杂的国际关系以及重新笼罩世界的战争阴影，都预示着属于我们这一代人的考验才刚刚开始。新时代的企业家需要在有限的时间内越过比上一代企业家更多的里程碑，才能在基础设施技术又一次落后的前提下实现追赶乃至超越。而这不光取决于企业家本身，更取决于社会对于罗辑、章北海、维德这些执剑人、星际冒险者的态度——究竟是站在绝对道德的角度加以批判和审判，还是给予其宽容空间甚至对错误予以适当包容，让他们能够为了自己与人类的生存而奋斗。达摩克利斯之剑本应成为文明前进的动力，而不是每个人心中抹不去的阴影。

总之，新一代企业家能否顺利接过上一代企业家传承的那柄剑并确保不会掉落，已经成了摆在眼前的问题。当然，我们依然可以回到那个熟悉的环境，沉迷概念、拥抱泡沫甚至内卷下去，但是有理想的企业家注定将面临艰难的选择：是否要投身底层技术、基础设施的创造，在痛苦的挣扎中努力前行。

在《三体》中，人类文明在二向箔打击下最终化为宇宙中的一幅画，但幸运的是，依然有人类的剩余力量驾驶战舰逃向黑暗的宇宙森林，小心翼翼探索未知，运用有限的资源让文明火种延续。在小说最后，当“回归者”使用157万种语言向宇宙发出广播之时，人类语言仍是其中之一，这意味着，即使人类文明不是全宇宙最灿烂的，也一定在逐渐死亡的茫茫宇宙中留下了痕迹。我也相信，新一代的企业家中，总有人会在漫长的探索之后进化为“星舰人类”，在未来的商业世界中写下属于自己的一笔。

编辑：王夏苇

正和岛价值

正和岛是
基于信任链接的企业家供需适配平台，
用线上线下相结合的方式，
为企业家提供信用社交、学习社交、合作社交三重价值。

信用社交是基础价值和前提价值。正和岛通过严格的登岛审核与推荐人制度让“对的人”在一起，帮助企业家降低信任成本，建立最可靠、最值得信任的企业家学习成长合作平台。正和岛平台已有超过8000位企业家岛邻，被称为中国商界最低信任成本的人脉金矿。

学习社交是主体价值与核心价值。正和岛用全新的学习方式推进企业家互为老师、相互学习，帮助企业家掌握移动互联时代高效学习的法门。正和岛平台生产的高品质商业资讯（正和岛官方公众号、《决策之道》、官微、案例等），岛师塾，正和塾学习小组，正和岛线上公开课等成为最受企业家岛邻欢迎的学习工具和学习方式。通过正和学习法，为企业家及创业者提供精准适配、个性化定制的学习服务，成为最可靠、最值得信任的企业家学习成长平台。

合作社交是长远价值与深度价值。在企业家相互了解、日益信任的基础上，开展各种商业合作和资源对接，降低合作成本，实现优势互补、互利共赢。

五戒

无良知的享乐

无原则的行善

无尊严的人格

无底线的商业

无诚信的交往